세상에서 제일 우울한 동네

핀란드가 천국을 만드는 법

세상에서 제일 우울한 동네
핀란드가 천국을 만드는 법

어느 저널리스트의 '핀란드 10년 관찰기'

1판 1쇄 발행 2020년 2월 27일

지은이　　정경화

펴낸이　　이민선
편집　　　김유석, 이해정
디자인　　박은정
일러스트　박태연
사진　　　Gettyimages, Dmitry Kostyukov, 정경화, 이구슬
경영기획　이해진
홍보　　　고웅비
제작　　　호호히히주니 아빠, 반재욱
인쇄　　　삼조인쇄

펴낸곳　　틈새책방
등록　　　2016년 9월 29일 (제25100-2016-000085)
주소　　　08355 서울특별시 구로구 개봉로1길 170, 101-1305
전화　　　02-6397-9452
팩스　　　02-6000-9452
홈페이지　www.teumsaebooks.com
페이스북　www.facebook.com/teumsaebook
블로그　　www.naver.com/teumsaebooks
전자우편　teumsaebooks@gmail.com

ISBN 979-11-88949-21-2　03300

이 도서의 국립중앙도서관 출판예정도서목록(CIP)은 서지정보유통지원시스템 홈페이지
(http://seoji.nl.go.kr)와 국가자료종합목록 구축시스템(http://kolis-net.nl.go.kr)에서 이용하
실 수 있습니다. (CIP제어번호 : CIP2020006831)

FINTASTIC HEAVENSINKI

세상에서 제일
우울한 동네

—

핀란드가
천국을 만드는 법

•• 정경화 지음 ••

틈새책방

우리는 진짜 중요한 것을 놓치고 있었다

북유럽의 소국 핀란드는 지난 2000년 경제협력개발기구 OECD 국제학업성취도평가 PISA에서 1등을 하면서 국제사회의 깜짝 주목을 받았다. 한국에도 핀란드 교육의 비결을 소개한다는 책이 꽤 쏟아졌다.

흥미로운 일은 그다음에 나타났다. 한국에서 핀란드 관련 서적들은 처음에는 무상 교육과 무상 급식을 주장하는 근거로 소비됐다. 하지만 2010년대 핀란드 경기가 후퇴하고 국제학업성취도평가 성적이 떨어지자 정반대 현상이 나타났다. 이번엔 무상 복지를 반대하는 이들의 논리를 강화하는 근거로 활용됐다. '핀란드 현상'이 입장에 따라 달리 해석된 것이다.

외국인들의 한국 여행기를 보여 주는 〈어서와~ 한국은 처음이지〉라는 방송 프로그램에서 가장 큰 인기를 모았던 이들이 바로 핀란드에서 온 젊은이들이었다. 많은 사람들이 핀란드 청년들의 소탈하고 투박한 삶에 열광했다. 2018년 핀란드 정부가 시작한 '기본 소득' 실험을 중단하기로 하자, 한국 언론들은 이를 앞다퉈 전하기도 했다.

우리 사회는 지금도 북유럽, 그중에서도 핀란드를 궁금해한다. 핀란드 교육이 왜 우수한지, 핀란드의 노키아는 어떻게 성공했고 왜 무너졌는지, 노키아 이후 핀란드 경제는 어떤지, 인구 고령화와 저성장 사회에서도 핀란드식 복지는 유효한지, 인구 550만 명의 작은 나라가 아닌 5,170만 명의 한국이 배우고 따를 만한 것인지 궁금증투성이다. 지금까지 출간된 책이나 기사만으로는 속 시원하게 해소되지 않는다. 번역서가 아닌 한국인의 시각으로 핀란드를 읽는 책이 필요한 이유다.

이 책이 전하려는 메시지는 '핀란드처럼 하자'가 아니다. 오히려 핀란드에 대한 환상을 깨고자 한다. 핀란드는 그저 천국이 아니다. 사람들이 모여 살다 보면 어떤 문제든 발생하기 마련이다. 다만 문제에 맞닥뜨리면 '핀란드만의 길 The

Finnish Way'을 찾으려는 그들의 태도를 배울 만하다. 2000년
대 들어 전 세계 교육계가 '경쟁'을 강조할 때, 인구가 적은
핀란드는 똘똘 뭉치는 게 중요하다며 '협력'과 '평등'을 최우
선 가치로 삼아 교육 개혁을 추진했다. 지난한 사회적 합의
과정도 기꺼이 감내했다. 우리가 핀란드를 더 알아야 하는
이유는, 그 제도를 가져오기 위해서가 아니라 '우리만의 해
법'을 찾는 태도를 익히기 위해서다.

　핀란드와 인연을 맺게 된 지는 10년쯤 됐지만, 그곳에 살
며 사람들과 부대끼고 지낸 시간은 겨우 2년에 불과하다. 짧
은 기간 동안 핀란드 사회의 완벽한 일원이 될 수도 없었으
려니와, 일부러라도 한 발짝 바깥에서 외부인의 시선을 유지
하기 위해 애썼다. 기자라는 직업 덕분에 내 또래, 나와 비슷
한 사람들뿐 아니라 정치인과 기업인, 도시 사람과 시골 사
람, 젊은 창업가와 일터를 잃은 실업자까지 현재 핀란드 사
회를 이루고 있는 다양한 구성원을 만날 수 있었던 것은 행
운이었다.

정경화

PART I

우리가 놓쳤던
핀란드 교육의 실체

핀란드 엄마는 학생들 사이에 1등과 꼴찌가 없는 지금이 좋다고 했다. 아이가 공부를 하든, 기술을 배우든, 예술을 하든, 나중에 제 밥벌이를 하고 제 몫의 세금을 내는 시민이 되면 그것으로 만족이라고 했다.

1

헬싱키에서 만난 놀라운 생각

어느 수요일 오후 4시, 서울 대치동 학원가에 자리 잡은 맥도
날드에서 장관이 펼쳐졌다. 뭐, 꼭 맥도날드만 그런 것은 아
니었다. 롯데리아나 버거킹, 아니면 근처 분식집 풍경도 마
찬가지였다. 학교 수업을 마친 중·고등학생들이 앉을 자리
없이 들어차 있었다. 햄버거를 먹은 뒤 근처 학원에서 밤 10
시까지 공부하는 모양이었다. 서울 시내 학원들은 밤 10시에
문을 닫는다. 한창 자랄 나이의 청소년들이 햄버거 따위로 저
녁을 때운다는 것은 슬픈 일이지만, 크게 놀랄 일은 아니었다.

내 눈이 동그래진 이유는 혈기왕성한 아이들로 가득 찬 방
과 후 햄버거 가게가 믿을 수 없이 조용했기 때문이었다. 아

이들은 떠들거나 장난치지 않았다. 일분일초도 아깝다는 듯이 공부에 열중하고 있었다. 누가 감시하지도 않는데 말이다. 귀에 이어폰을 끼고 영어 듣기 문제를 푸는 학생, 수학 문제에 집중하느라 왼손에 든 햄버거에서 야채가 흘러내리는 줄도 모르는 학생…. 말을 걸기도 조심스러웠다.

여학생 둘이 앉은 테이블에 다가갔다. "안녕하세요, 저는…"이라고 말하자마자 한 명은 나를 경계하듯 째려봤고, 다른 한 명은 "저희가 바빠서요"라고 말했다. 빠르게 포기. 이번에는 남학생 넷이 앉은 테이블에 다가가 조용히 물었다. "매일 햄버거만 먹나요? 매일 이렇게 조용한가요? 아직 시험 기간도 아닌데, 다들 맹렬하게 공부하네요." 다행히 한 학생이 잠시 연필을 내려놓고 입을 뗐다. "학원 숙제를 학교에서 끝내려고 했는데 아직 다 못했어요." 학교 수업 시간에도 학원에서 내준 수학 숙제를 했지만 미처 다하지 못했고, 학원 수업 시작 직전까지 쉬지도 못하고 문제를 풀고 있다는 이야기였다. 옆의 친구가 말했다. "햄버거만 먹는 건 아니에요. 옆에 떡볶이 집도 있고 어떤 날은 찌개에 밥도 먹어요!" 중학교 3학년 학생이라고 했는데, 테이블 위에 펼쳐져 있는 책을 들춰 보니 고등학교 과정 수학 문제집이었다.

이날 취재한 내용은 기사로 나가지 못했다. 전혀 새롭지 않다는 게 문제였다. 선배에게 "네가 아직 결혼을 안 해서 그렇지 요즘 애들 다 그렇게 키워"라고 타박만 받았다.

—— 주당 사교육 시간은 고작 6분

"사교육private education이요? 사립 학교를 말하는 건가요?"

핀란드 헬싱키에서 만난 중학교 3학년생 올리버가 말했다. 올리버는 "사교육을 받아 본 적이 있나요?"라는 내 질문을 이해하지 못하고 되물었다. 만화를 그리는 게 취미라 학교에서 방과 후 미술 활동을 한 적은 있지만, 국어·영어·수학 학원에 다녀 본 적은 없다고 했다. 사실 학원이 무엇인지도 모른다. 그런 곳에 다닌다는 친구도 본 적이 없다.

고교 진학을 앞둔 올리버의 하루 일과는 이랬다. 오전 9~10시쯤 학교에 갔다가 오후 3시쯤 귀가한다. 집에 오면 숙제를 한다. 보통 30분~1시간쯤 걸린다. 이후에는 자유 시간이다. 도서관에서 좋아하는 판타지 소설을 빌려 보거나 친구들과 컴퓨터 게임을 한다. 집안일도 해야 한다. 아버지, 어머니, 누나 그리고 올리버는 각자 맡은 일을 책임진다. '강아지 산책시키기'가 올리버의 임무다. 늦어도 밤 11시에는 잠자리에 든다. 물론 학기말 시험 기간엔 방과 후에 4~5시간씩 공부에 집중한다. 올리버는 "과목별로 요점 정리를 한 다음 내 생각이나 느낀 점을 덧붙여 써 보죠"라고 했다. 수업에서 배운 주제를 놓고 에세이를 쓰는 게 시험이기 때문이다.

혹시 올리버가 본격적으로 대학 입시를 준비하기에는 이른 나이여서 이렇게 여유 있는 것은 아닐까? 의심이 들었다. 장래 희망이 교사라는 고등학교 2학년 여학생 새드에게도 같은 질문을 던졌다. 그녀 역시 학원을 다니거나 과외를 받아 본 경험이 없었다. 그녀가 "학교 수업 시간에 열심히 참여하고 숙제를 챙겨서 하면 좋은 성적을 받을 수 있어요"라고 말했을 때, 나는 "교과서 위주로 공부했다"는 우리나라의 수능 만점 학생 인터뷰가 떠올랐다.

하지만 새드는 정말 고등학생이 돼서도 여름마다 가족들과 4~5주 정도 호숫가 별장에서 휴가를 보냈다. 인터넷은커녕 전기도 잘 들어오지 않는 시골에서 블루베리나 버섯을 따고, 사우나와 호수 수영을 즐겼다. 겨울에는 꽁꽁 언 호수에서 볼이 빨개지도록 스케이트나 크로스컨트리 스키를 탔다. 새드의 생활이 특별한 건 아니었다. 그녀의 친구들도 여름과 겨울 방학을 비슷하게 보낸다고 했다. 핀란드 학생들은 다음 학기 내용을 선행 학습한다거나, 내신과 수능을 '따로 준비' 해야 해서 스트레스를 받는 일은 없다고 했다.

핀란드인들이 사랑하는 호숫가 별장.
고등학생들도 예외 없다.
©Gettyimages

사교육에 관한 한 한국과 핀란드는 극과 극이다. 경제협력개발기구의 '2012 국제학업성취도평가' 보고서를 보면, 15세 기준 한국 학생들의 사교육 참여 시간 평균은 주당 3.6시간에 이른다. 경제협력개발기구 회원국 평균 36분 중 가장 길다. 반대로 핀란드의 사교육 시간은 주당 6분으로 가장 짧았다. 사교육이 '없다'고 봐도 무방할 정도다. 한국과 핀란드 청소년들의 수면 시간에도 차이가 있다. 한국은 하루 7.47시간, 핀란드는 8.52시간이다.

두 국가의 차이를 어떻게 설명해야 할까? 두 나라 모두 국제학업성취도평가에서 꾸준히 최상위권에 머무르고 있다. 하지만 우리나라 학생들이 핀란드보다 절대적인 공부 시간이 몇 배나 더 많은데 성적은 비슷하다면, 우리 교육의 효율성이 그만큼 떨어지는 게 아닐까? 어쩐지 자존심이 상했다. 그리고 이어지는 의문. '핀란드 학생들은 정말 이렇게 살짝 공부하고도 성적이 잘 나오는 거야? 핀란드 학부모들은 왜 자녀들에게 사교육을 시키지 않는 거지?'

핀란드 학교에서도 좋은 성적을 받으려면 열 일 제치고 공부해야 한다. 핀란드 교육 관련 자료를 찾다 보면 '시험이 없다'는 설명이 나오는데, 그건 절반은 맞고 절반은 틀린 이야기다. 핀란드 중·고등학교에도 시험은 있다. 과목별 학기말

시험도 있고, 입학 때 선발 고사를 거쳐야 하는 특별 고등학교도 전국에 70여 개가 있다. 음악, 미술, 스포츠 등 예체능 고교에는 실기 평가가 있고, 외국어고, 과학고, 수학고는 해당 분야에 대한 심화 지식과 관심도를 평가한다. 고교 과정을 마치면 한국의 수능격인 '대학입학자격시험Matriculation Test'을 보고, 대학별 고사도 따로 치른다. 대학별 고사를 치르는 학교들은 시험 문제가 출제될 전공 서적을 사전에 읽기 자료로 선정해 공지하고, 그 책을 바탕으로 전공 지식을 묻는 서술형 시험 문제를 낸다. 사범대학이나 간호학과에서는 필요하다고 판단될 경우, 적성 면접을 실시하기도 한다. 핀란드에 없다는 그 시험은 한국식으로 말하자면 '전국 학력 평가'를 일컫는다. 전국의 같은 학년 학생들이 똑같은 문제지로 시험을 봐서 1등부터 꼴찌까지 서열을 매기는 시험 말이다. 또, 핀란드 학교에서 치르는 시험은 한국의 중간고사, 기말고사와는 형식이 다르다. 객관식이나 선다형 문제는 답이 똑 떨어지는 수학, 과학 시험에만 출제된다. 국어핀란드어, 역사 등 대부분 과목은 주관식 혹은 서술형 문제가 주를 이룬다. 주어진 주제에 대해 자기 생각을 논리적으로 써야 한다.

물론 핀란드 학생들도 '족집게 사교육'을 받는다면 지금보다 더욱 훌륭한 서술형 답안을 써낼지 모른다. 요즘 우리나라에서도 서술형 문제를 수행 평가 형태로 출제한다고 하는데, 학원들은 그런 출제 유형마저 철저히 분석해 만점을 받을 수 있는 '모범 답안'을 내놓지 않나? 최근 핀란드에도 '발메누스케스쿠스valmennuskeskus'라는 사교육 기관이 생겨나긴 했다. 직역하면 '훈련 센터'라는 뜻인데, 원래는 직업 교육 기관이었다가 몇 년 전부터 대학별 고사를 대비하는 대학 준비 과정을 운영하기 시작했다. 대학별 고사 2~3개월 전부터 학생이 희망하는 학과에서 제시한 전공 서적을 함께 읽고 예상 문제를 풀어 보는 프로그램이다. 강사가 중요 포인트를 짚어 주는 수업 방식이 한국과 크게 다르지 않다. 핀란드 최초 학원의 존재를 내게 알려 준 헬싱키의 한 고교 교사는 "지금은 한 학년에서 공부를 가장 잘하는 의대 지망생 2~3명 정도가 도움을 받아요. 앞으로 취업이 어려워질수록 의대, 법대에 더 많은 학생이 몰리고, 사교육을 받으려는 수요도 늘어날 것 같습니다"라며 걱정을 표했다.

핀란드 교사의 우려에도 불구하고, 핀란드에서는 이런 사교육 기관을 이용하는 학생 수가 앞으로도 미미할 것 같다는 게 내 생각이다. 한국처럼 거대한 사교육 시장이 핀란드에서는 형성될 수 없는 정서가 있기 때문이다.

—— "사교육은 손해 보는 투자"

한국에서 사교육 시장이 비대해진 이유는 분명하다. 대학이 서열화돼 있고, 어느 대학을 나왔는지가 인생에서 가장 중요한 문제라고 여기는 사람이 여전히 많기 때문이다. 좋은 대학을 졸업하는 게 성공적인 삶을 보장하지 않는다는 사실을 머리로는 잘 알지만, 실천에 옮기기는 어렵다. 한국의 대학 진학률은 70퍼센트에 안팎이다. 고교생들은 '서연고…'로 시작하는 대학 서열을 끝도 없이 외운다. 자동차 정비공이 되고 싶다는 아들에게 "그럼 공대를 가"라고 말하지 않기 위해 허벅지를 꼬집는다는 엄마도 있다.

핀란드 부모들은 여전히 사교육에 돈을 쓸 생각이 없다. 아이를 좋은 대학에 보내겠다는 마음도 별로 없다. 헬싱키에서 사업을 하며 고등학생 딸, 중학생 아들을 키우는 어느 핀란드 엄마에게 왜 사교육을 시키지 않느냐고 물었다. "내 자식이 다른 아이보다 공부를 잘해서 좋은 대학에 진학하고, 좋은 직장에 들어가면 좋은 것 아닌가요? 내가 내 돈 들여 자식의 미래를 위해 투자하는 게 잘못된 일은 아니잖아요?" 그랬더니 그 엄마가 놀라운 대답을 했다. "사교육을 시켜 좋은 직장에 보내는 건 손해 보는 투자예요." 무슨 소리일까?

시험 성적이라는 기준으로 서열을 매기면 1등과 꼴찌가 생긴다. 내 아이가 1등을 한다는 건, 어떤 집 아이는 뒤처지는 것을 의미한다. 내 자식이 월급을 많이 주는 직장에 가도 마냥 좋은 게 아니다. 낙오한 이들을 위한 사회적 비용이 늘어나면 거기에 들어가는 세금은 돈 많이 버는 내 아이가 내야 하니 손해다. 그런데도 돈을 많이 들여 사교육을 시킨다? 이건 결과적으로 이중으로 손해다. 핀란드 엄마는 학생들 사이에 1등과 꼴찌가 없는 지금이 좋다고 했다. 아이가 공부를 하든, 기술을 배우든, 예술을 하든, 나중에 제 밥벌이를 하고 제 몫의 세금을 내는 시민이 되면 그것으로 만족이라고 했다.

처음에는 얼핏 '이렇게 기능적인 목표가 어딨어?'라고 생각했다. 하지만 곰곰이 따져 보니 이것만큼 현실적인 교육의 지향점이 또 있을까 감탄했다. 이 핀란드 엄마만 특별히 현명해서 이런 말을 하는 것은 아니다. 대다수 핀란드 부모들이 이에 공감한다. 핀란드 교육계의 권위자인 파시 살베리 Pasi Sahlberg 헬싱키대학교 교수에 따르면, 핀란드 공교육은 1980년대부터 '비판적이며 독립적인 시민을 기르는 것'이라는 철학적 바탕 위에 설계됐다. 이런 핀란드인들의 머릿속에는 몇 배의 돈이 들지 모르는 사교육이 설 자리가 없다. 나는 무릎을 쳤다.

시선은 자연히 핀란드 학교 교실로 향했다. 핀란드 학생들이 사교육의 도움 없이도 세계에서 손꼽을 정도로 공부를 잘한다니 그 아이들의 학교 생활이 궁금했다. 학교 시설은 얼마나 좋은지, 그 유명한 무상 급식은 맛이 괜찮은지, 교사들은 얼마나 학생들을 잘 가르치는지, 무엇보다 학생들이 학교를 좋아하는지 확인하고 싶었다.

2

도떼기시장 같은 교실의 힘

"완전히 난장판이잖아?"

영하 15도의 겨울날 아침, 헬싱키 실타마키초등학교를 방문했을 때 나도 모르게 내뱉은 첫마디다. 핀란드 초등학교는 대부분 건물 안으로 들어가는 문이 안에서 잠겨 있다. 초인종을 누르고 창문으로 학교 안을 들여다보고는 뜨악했다. 복도에서 아이들이 자전거로 묘기를 부리고, 뛰고, 노래를 불렀다. 지하 식당으로 내려가는 계단 바로 옆에서는 학생들이 자전거나 롤러스케이트를 타고, 일부러 가져다 놓은 장애물들을 피해 쌩하니 달렸다. 혼이 쏙 빠지는 것 같았다. '휴, 저러다 누구 하나 다치지. 그럼 누가 책임지나?' 마중 나온 교사가 내 생각을 다 안다는 듯 "정신없죠? 쉬는 시간이라서 그래요"라고 말했다.

수업 시작을 알리는 종이 울렸고, 6학년 학생들이 모인 과학실에 들어갔다. 하지만 수업 시간도 쉬는 시간의 복도 풍경과 별다를 게 없었다. 한쪽에서는 여학생 둘이 고무 찰흙으로 스파게티 면을 연결해 높다란 탑을 쌓는가 하면, 한 학생은 푹신한 소파에 거의 누워서 털모자에 꼬마전구를 달고 있었다. 까르르 웃고 떠드는 소리가 시끌시끌해 마치 도떼기시장 같았다. "수업이 시작된 거 맞죠?" 나는 곁에 있던 교사에게 확인해야 했다.

교실 한쪽 구석에서 모형 차가 나를 향해 굴러왔다. 앞머리를 왼쪽만 기른 예트로가 석 달 동안 혼자 힘으로 만든 '태양 전지 자동차'였다. 다른 학생 서너 명이 모여들어 "빛이 없으면 어떻게 움직여?", "달리는 방향도 바꿀 수 있어?"라며 질문을 퍼부었다. 친구들 관심에 예트로는 신이 나는 모양이었다. "빛을 전기 에너지로 바꿔 저장한 거라 당장 빛이 없어도 움직일 수 있어" 하면서 종이에 그림을 그려 가며 자동차의 작동 원리를 설명했다.

안나마리 교장은 난장판이 된 교실과 복도를 보여 주며 자랑스러운 듯 어깨를 으쓱였다. "아이들은 스스로 하게 내버

핀란드 교실의 자유분방한 모습. 학생은 교사의 이름을 부르며 언제든지 도움을 청할 수 있고, 사용하기 편한 책상과 의자를 골라 앉는다. ⓒ정경화

려 두면 깜짝 놀랄 만한 걸 만들어 냅니다. 창의성은 아이들이 각자 공부하고 싶은 걸 마음껏 할 때 길러지는 능력입니다. 과학 도전 프로젝트라는 이 수업도 과학에 흥미를 느낀 학생들이 건의해서 만들어졌죠. 학교는 학생들이 하고 싶다는 활동을 최대한 지원할 뿐입니다. 자발적으로 모인 만큼 집중도와 성취도가 높습니다."

—— 핀란드 '창의성 교육'의 시작

핀란드 학교는 1990년대부터 '창의성'을 강조하기 시작했다. 핀란드 정부는 1970년대부터 평균 10년 주기로 교육 제도 개혁을 진행해 왔는데, '창의 인재 육성'을 주요 테마로 삼은 것은 이때부터였다.

창의 인재 육성이라는 구호는 사실 우리도 귀가 따갑도록 듣는다. 한국을 포함해 전 세계 국가들이 추구하는 교육 목표일 것이다. 우리나라 중학교의 자유학기제 취지도 그렇다. 아직 입시 전쟁에 뛰어들기 전인 중학교 1학년 학생들이 시험 부담으로 의자에만 앉아 있는 대신, 토론이나 실험, 프로젝트 학습 같은 다양한 유형의 수업을 접하고 체험 활동을 다니라는 것이다. 그 과정에서 창의성과 협동심을 키우고 자신이 좋아하는 게 뭔지 발견할 수 있기를 기대한다. 여기에 들어가는 예산도 막대하고, 삼성, LG, SK를 비롯한 대기업과 대학들이 제공하는 프로그램이 생기는 등 자유학기제 내용이 점점 다양해지고 있다.

그럼에도 대다수 교사와 학부모들은 자유학기제에 대한 불만이 높다. 핵심은 현실과 동떨어졌다는 것이다. 1년 동안 아무리 자기 적성과 소질을 찾아다녀 봤자, 2학년이 되면 다시 중간고사, 기말고사 성적에 의해 진로가 제한된다. 그러다 고등학교에 가면 입시 지옥이 기다리고 있다. 많은 교사들이 "1학년 때 놀러만 다니던 학생들을 데리고 2학년 때 면학 분위기를 잡는 게 힘들다"고 토로하고, 일부 극성맞은 학부모들은 "결국 대학은 성적순으로 가는데 자유학기라고 놀아서는 안 된다"며 여러 학원에 더 보낸단다.

알찬 교육 과정을 구성해 자유학기제 만족도가 90퍼센트 이상인 학교에 직접 가 본 적도 있다. 열정 넘치는 선생님 1~2명이 프로그램 전체를 이끄는 경우가 많았는데, 그 선생님들이 다른 학교로 전근을 가시면 훌륭한 프로그램이 이어지지 않는다는 문제도 있었다.

핀란드 학교는 따로 명명할 필요도 없이 늘 '자유학기'처럼 수업한다. 선생님들은 그날그날 가르쳐야 할 내용에 적합한 교수 방식을 택한다. 강의식 수업을 통해 기본 개념을 익히고 나면, 토론이나 게임 형식으로 심화 학습을 한다. 필요에 따라서는 박물관이나 대학, 기업으로 탐방을 떠난다. 학생들은 자기들끼리 팀을 꾸려 프로젝트 주제를 정해 한 학기 또는 1년 내내 탐구한다. 만약 어떤 과학 실험을 하는데 예산이 필요하면 교사에게 신청한다.

한국과 다른 점은 뚜렷하다. 나라에서 교사들 등을 떠밀어 창의성 교육을 시작한 게 아니라, 교사들이 필요성을 깨닫고

자발적으로 교수 방식을 다양화했다는 점이다. 1990년대 이전까지 핀란드 학생들은 여러 국제 학력 비교 평가에서 중위권에 머물렀다. 학생들을 수준별로 나눠 가르쳐 보기도 했지만 큰 효과를 보지 못했다. 1980년 후반부터 핀란드 교사들은 '지식이란 무엇인가', '학생은 어떻게 배워야 하는가', '학교는 어떻게 변해야 하는가'와 같은 질문을 주제로 수많은 세미나를 열었다.

교사들이 모여서 고민해 보니, 강단에 서서 일방적으로 지식을 전달하는 시간도 필요하지만, 이 지식을 아이들이 제대로 소화해 제 것으로 만드는 게 더 중요했다. 아이들에게 '자유'를 주면 비판적 사고력과 문제 해결력이 높아지고, 결국 창의성을 꽃피울 수 있다는 결론을 내렸다. 현장은 서서히 변하기 시작했다. 위에서 아래로 내려보내는 '톱다운 top-down'식 정책은 현실과 동떨어져 정착하기 어려운 반면, 아래서 위로 올라가는 '보텀업 bottom-up' 정책은 현장에 단단히 뿌리를 내리고 있어 여러 어려움을 겪더라도 쉽사리 꺾이지 않는다.

아래로부터의 교육 개혁 움직임은 소련 붕괴로 핀란드가 맞닥뜨린 시대의 요구에도 부합했다. 경제 성장률이 마이너스로 떨어지고 실업률이 급증하는 상황에서 핀란드 정부는 창의성 교육을 타개책으로 택했다. 정부와 학계뿐 아니라 노키아 등 대기업까지 '교육 과정 개편 특별 위원회'에 참여했다. 이들은 '학교에서 창의성과 문제 해결력을 갖춘 인재를 길러내야 지식 경제가 발전한다'는 데 합의했다. 이제까지의 추격형 경제 성장 모델에서 벗어나 혁신을 주도하는 나라가 되려면, 국민 한 사람 한 사람을 모두 창의력이 뛰어난 인재로 키워야 한다는 논리였다. 앞으로의 성장 동력은 기술 혁신에서 나온다는 강한 확신을 국민 전체가 공유한 것이다.

이후 핀란드 초·중등 교육에서는 학교 자율성과 개인 맞춤형 학습이 강조됐다. 교장이 자신의 철학과 지역 여건에 맞게 예산을 짜고 교사를 뽑을 수 있게 했다. 교사에게는 수업과 학생 평가 방식, 진도, 교재 선택 등의 전권을 줬다. 상부 기관이 학교 운영 상황을 살피는 '학교 시찰 제도'와 전국적인 학력 평가 제도를 폐지한 것도 이때다. 과목별로는 수학과 과학, 기술에 중점을 뒀다.

교사가 강단에 서서 일방적으로 지식을 전달하는 전통적인 수업은 그 비중이 크게 줄었다. 대신 토론, 게임, 발표 등 학생들의 적극적인 참여와 교사와 학생 간 상호 작용이 빈번하게 일어나는 수업이 그 자리를 채웠다. 학교와 교사에 따라 평가 기준이 다르기 때문에 학교 간 성적을 비교하거나 순위를 매기는 것은 불가능하다. 학교를 다니면서 배워야 할 성취 목표는 분명히 정해져 있지만, 그 속도는 학생마다 달라질 수 있다. 고등학교 1학년생이라도 교사가 인정하면 3학년 권장 수업을 들을 수 있고, 3학년이어도 1학년 수업을 보충해 들을 수 있다.

실타마키초등학교를 소개해 준 사람은 외교부 소속으로 핀란드 교육을 세계에 알리는 역할을 맡은 마리안네 후스코Marianne Huusko 교육 수출 대사였다. 그는 로봇이 인간의 일을 대체하는 4차 산업 혁명 시대에는 수동적으로 시키는 것만 잘하는 사람은 뒤처질 수밖에 없다고 했다. 교육의 목표가 지식을 잘 외우고, 사지선다형 문제를 실수 없이 푸는 학생을 길러내는 것이어서는 안 된다는 얘기다. "궁금한 것을 찾아내고, 주도적으로 탐구하고, 자신의 방식으로 표현할 수 있는 능력을 가진 학생이 창의적인 인재라고 봅니다. 교사는 일방적인 정보 전달자가 아니라 지식에 접근하는 방법을 알려 주는 조력자 역할을 할 뿐이죠." 후스코 대사의 말이다.

—— 창의성 교육이 바꾼 경제 체질

살베리 교수는 핀란드 교육위원회에서 1990년대 교육 개혁을 주도한 인물로, 당시 개혁 과정에서 이뤄졌던 논의와 교훈을 기록으로 남겼다. 그의 저서 《핀란드의 끝없는 도전》(2016)에 따르면, 노키아 최고위 임원은 '교육 과정 개편 특별위원회'에 참여해 이렇게 말했다고 한다.

"우리 회사에서 일하는 데 필요한 수학이나 물리학을 모르는 젊은이를 채용한다 해도 크게 문제될 건 없습니다. 쉽게 가르쳐 줄 동료들이 있으니까요. 하지만 다른 사람과 함께 일하는 법을 모르는 사람, 실수하는 게 무서워 다르게 생각하거나 독창적인 아이디어를 내놓을 줄 모르는 사람을 채용한다면 우리가 할 수 있는 건 아무것도 없습니다. 지금 핀란드 학교에 있는 창의력과 열린 마음을 없애서는 안됩니다."

핀란드 교사들은 학생들이 모험하며 서로 협력하는 법을 가르쳤다. 학생들은 실수와 실패를 두려워하지 않게 됐다. 수학과 과학을 잘하는 학생이 아니라, 수학과 과학을 '좋아하며 스스로 탐구하는' 학생들이 자라났다. 핀란드 기업들은 이들을 채용했고, 실수와 실패를 거듭한 끝에 첨단 산업에서 혁신을 이뤄냈다. 이제는 전 세계 누구도 핀란드를 소련에 나무를 팔아 돈을 버는 나라라고 생각하지 않는다. 화려했던 노키아 제국을 거쳐 지금은 정보 통신, 게임, 디자인, 헬스케어 등 유망한 분야에서 미래를 찾고 있다.

지식 기반 경제의 경쟁력을 측정하는 데 흔히 사용되는 국내 총생산 대비 연구개발비 지출 비중도 2016년에 2.75퍼센트로 세계 평균 2.3퍼센트를 상회한다. 2015년 마틴번영연구소가 연구한 글로벌 창의성 지수에 따르면, 전 세계 139개국 가운데 핀란드는 호주, 미국, 뉴질랜드, 캐나다에 이어 5위에 올랐다. 덴마크도 공동 5위였다. 한국은 이 평가에서 31위를 차지했다.

"한국 학생들은 수업 시간에 질문도, 대답도 하지 않습니다. 한국 학교도 이런 교실 문화를 바꾸고 학생들의 창의성을 키울 수 있을까요?" 살베리 교수를 만났을 때 내가 물었다. 확고한 답이 돌아왔다. "바뀔 수 있습니다. 다만 시간이 필요합니다." 어떤 새로운 교육 정책이든, 교실에서 학생들을 대하는 교수 방식이든 시행착오를 겪더라도 시간을 들여 꾸준히 밀고 나가라는 조언이었다. "핀란드의 교육 개혁을 10년 단위로 추진하는 것도, 하나의 정책이 자리를 잡으려면 최소한 10년은 걸린다고 보기 때문이에요." 그가 말했다. 불특정 다수의 학생을 대상으로 만드는 제도가 모두에게 들어맞을 수는 없다. 처음 도입하면 부작용이 나타날 수밖에 없고, 이를 보완해 나가면서 기다려야 마침내 기대했던 효과를 볼 수 있다는 설명이었다.

살베리 교수는 한국 교육을 제법 잘 알고 있다. 미국 하버드대학교 교육대학원에서 객원 교수로 있으면서 3년간 수많은 한국 학생들을 만났기 때문이다. 그는 한국 학생들이 수업 주제와 관련된 논문을 모조리 외울 정도로 열심히 공부했다고 기억했다. 하지만 "그 논문에 대해 어떻게 생각하느냐"고 물으면 모두 꿀 먹은 벙어리가 됐고, 기껏해야 "좋아요", "별로예요" 정도의 대답을 할 뿐이었다고 기억했다. 에세이를 써 오라고 하면 "몇 글자로 쓰느냐"를 제일 먼저 물어봤고, 자기 의견은 없이 관련 논문들의 요점만 정리해 오는 경우도 많았다.

그는 꾸준히 시간을 들여 '의견'을 물었다고 한다. 수업 시간마다 토론을 벌이고 자기 의견이 담기지 않은 글은 몇 번이고 다시 써 오도록 했다. 그랬더니 학생들도 차츰 바뀌었다. 누구보다 톡톡 튀는 아이디어를 내놓고 남과 다른 생각도 논리적으로 말했다. "학생들에게 호기심과 창의력을 길러주고 싶다면 방법은 간단해요. '네 생각은 어떠니?'라고 물어보면 됩니다. 몇 번이고 다시 물어보세요."

3

수능 답안을 담임 선생님이 채점한다고?

핀란드 교육에 경쟁이 없다고들 하지만, 대학 입시는 그렇지 않다. 2019년 말 현재 핀란드 전역에 대학University이 13곳, 응용과학대학Applied Science University이 22곳밖에 없고, 고등교육 예산을 대는 정부가 입학 정원을 엄격하게 통제하고 있기 때문이다. 학생 수가 줄면서 대학 통폐합도 가속화되고 있다. 핀란드 교육문화부에 따르면, 한 해 대학 지원자의 3분의 1 정도만 그해 대학에 입학할 수 있다. 나머지는 재수를 하거나 다른 길을 찾아봐야 한다.

의대나 법대, 사범대의 경쟁률은 매년 가장 높다. 전 세계 어딜 가나 '자격증'을 주는 직업은 희소한 법이다. 핀란드에

핀란드의 고등학교 교실 모습. ©핀란드 교육문화부

서는 특히 교사라는 직업이 사회적 존경을 많이 받아서 사범
대 인기가 꾸준히 높다. 2017년 헬싱키대학교 초등교육학과
는 120명을 뽑는데 무려 1,500명이 지원했다.

　핀란드에서 대학에 진학하려면 우선 고등학교 졸업을 위
한 '대학입학자격시험'을 치러야 한다. 전국의 모든 인문계
고등학교 졸업 예정자를 대상으로 치르는 시험이다. 대학입
학자격시험에 통과하지 못하면 대학에 지원할 수 없다. 핀란
드 학생들의 12년 초·중·고교 생활을 통틀어 국가 단위 평

가는 이 시험이 처음이자 마지막이다. 매우 고난도 시험인데다, 과목마다 최하위 5퍼센트는 탈락하는 상대 평가이기 때문에 대학에 가려는 고등학교 3학년 학생들은 큰 부담을 느낀다. 고등학교 2학년까지만 해도 여름방학 때 가족들과 한 달씩 여행을 떠나던 이들이 시험을 앞두고는 두문불출하고 공부에만 몰두한다. 일부 교사들 사이에서는 '시험 대비' 때문에 학교 수업이 정상적으로 이뤄지기 어렵다는 불만도 나온다. 최근에는 경쟁률이 센 의대나 법대 희망자들이 가고 싶은 학교의 교직원이나 대학생에게 불법 과외를 받은 사건이 뉴스에 보도되기도 했다. 핀란드에서도 대입을 앞둔 학생들의 스트레스 강도는 한국 학생 못지않다는 의미일 것이다.

다만 핀란드에서는 졸업 후 대학에 곧장 진학하는 인문계고 학생이 30퍼센트 안팎이다. 2019년 한국교육개발원 교육통계에 따르면, 우리나라는 일반고 졸업 후 대학에 진학하는 비율이 77퍼센트에 이른다. 아직 '대학에 가는 것이 당연하다'는 인식이 지배적인 한국에서 고등학생이 겪는 스트레스와 핀란드에서의 그것은 강도 자체가 다르리라 짐작된다.

—— 내신도, 대학입학자격시험도, 평가 주체는 '교사'

대학입학자격시험은 봄과 가을, 1년에 두 차례 모든 인문계 고등학교에서 치러진다. 학생들은 국어 핀란드어, 제2국어 스웨덴어, 외국어 영어·독어 등, 수학, 일반 과목 사회·과학 중 3과목 이상 선택 가운데 최소 7과목에 응시한다. 하루에 한 과목씩 과목당 6시간씩 치르는 고난도 시험이다. 연속 3회까지 지원할 수 있고, 4과목 이상 통과해야 고등학교를 졸업하고 대학에 지원할 자격이 생긴다. 봄에 시험을 쳐서 다른 과목은 다 만족할 만한 점수를 받았는데 수학 점수만 부족하다면, 가을에 수학 시험을 한 번 더 볼 수 있다. 인생을 바꿀 수 있는 중요한 시험인 만큼, 학생들에게 자신의 실력을 충분히 보여 줄 수 있도록 기회를 주자는 취지다.

시험 점수는 0~7점 사이에서 준다. 핀란드 학교의 모든 학생 평가가 절대 평가로 이뤄지는 것과 달리 이 시험만큼은 상대 평가여서, 최하위 5퍼센트는 0점을 받아 재시험을 치러야 한다. 대학들은 입시 과정에 고교 내신과 대학입학자격시험 점수를 적극적으로 반영하기도 하고, 최저 기준만 통과하면 제로 베이스에서 면접이나 학과별 고사 점수만 가지고 선발하기도 한다. 최근에는 내신 점수를 반영하는 대학이 점점 줄고 있다. 학교와 교사에 따라 평가 방식과 척도가 다르기 때문이다.

핀란드 학생들은 자기가 다니는 고등학교에서 대학입학 자격시험을 본다. 그리고 해당 학교 교사가 답안지를 걷어 1차로 채점한다. 핀란드의 대학입학자격시험은 선다형 객관식 문제보다 서술형 문제가 많아 기계로 일괄 채점하기 어렵기 때문이다. 수능 날이면 일부 수험생들이 퀵 오토바이와 경찰차에 올라탄 다음 고사장까지 헐레벌떡 가고, 시험지 유출 걱정에 배송 차량이 경찰의 호위를 받는 한국의 풍경과는 한참 다르다.

그럼에도 '우리 학교' 학생 점수를 매기는데 공평한 채점이 가능할까? 더구나 답안 채점을 담임 선생님이 할 수도 있단다. 아무래도 팔이 안으로 굽는다고 우리 반 학생, 좀 더 말 잘 듣는 학생한테 호의적으로 점수를 매기지는 않을까? 후스코 교육 수출 대사는 "10점짜리 답안이 되려면 A라는 단어가 반드시 포함돼야 하고, B에 대한 개념 설명이 이뤄져야 한다는 식으로 구체적인 채점 기준이 정해져 있어요"라고 했다. 또, 교사들이 1차로 채점한 답안지는 시험위원회에 보내져 2차 검토 후 최종 점수가 확정되기 때문에 자신이 가르친 학생들에게 점수를 후하게 줄 염려가 없다는 설명도 더했다. 고등학생 아들을 둔 어느 학부모는 "자기 학교 학생이라고 해서 점수를 올려 주는 일은 없다고 **믿습니다**"라고 말했다.

학교 내신 평가는 대학입학자격시험과는 사뭇 다르다. 우선 핀란드 학교의 생활기록부는 과목별 성적이 아니라 교실에서의 행동 및 수업 태도에 관한 서술로 시작한다. '규칙을 잘 지킨다', '다른 학생들을 잘 배려한다', '수업 시간에 집중한다', '본인의 물건을 잘 간수한다' 같은 부분이 성적보다 중요하다는 점을 시사한다.

과목별 성적은 서술형과 평점형을 결합해 표시한다. 초등학교 과정은 과목별 성취도를 서술형으로만 알려 주고, 중학교부터는 4~10점 평점을 같이 매긴다. 모든 과목에서 5점 이상 획득해야 다음 학년으로 올라갈 수 있다. 이 점수는 상대 평가가 아닌 절대 평가에 따른 것이다. 따라서 모든 학생들이 높은 성취도를 달성했다면 전부 10점을 받을 수도 있다. 대신 성취 기준을 충족하지 못하면 자비 없이 재수강해야 한다. 평점을 매길 때도 지필 고사 점수보다는 적극적인 수업 참여, 창의적인 문제 해결 능력, 친구들과의 협동심이 더 중요한 평가 기준이다. 토론이나 발표에 열심히 참여하는 게 좋은 평가를 받는 지름길이다.

학생들은 자신의 점수는 알 수 있지만, 우리 반에서 내가 몇 등인지는 알 방법이 없다. 학급별, 학년별, 학교별 석차를 산출하지 않기 때문이다. 평가의 목적은 학생 줄 세우기가 아니라, 학생 개개인이 어느 정도 성취했는지 파악하고 부족한 부분이 무엇인지 찾아 도움을 주는 것이다. 중학교 사회 선생님인 예레는 "과목의 성취 목표에 얼마나 도달했는지 성취도를 학생 본인과 부모에게 알려 주기 위해 시험을 보는 거예요. 상대 평가가 아니기 때문에 교사의 평가를 더욱 **신뢰하죠**"라고 말했다. 교사가 학생을 불공정하게 평가할 유인이 없다는 뜻이다. 만약 과목 평점을 4점을 받아 낙제하면 학교는 이 학생을 위한 개별적인 교육 과정이나 상담 프로그램을 마련해 지원해야 한다.

—— **"교사는 전문가이니까 믿는다"**

"믿는다", "신뢰한다".

핀란드에서 이렇게 자주 듣는 표현도 찾기 힘들다. 핀란드 사람들은 그만큼 서로를 신뢰하는데, 그중에서도 교육자에 대한 신뢰도는 특별하다는 인상을 줄 정도다. 학생에 대한 평가권이 전적으로 담당 교사에게 있고, 교사의 학생에 대한 평가 결과는 대입에서 공식적으로 인정받는다.

이런 내용을 한국 사람들에게 전하면, 학생에 대한 평가가 공정하게 이뤄지는지 어떻게 판단할 수 있냐는 질문이 따라온다. 공정성을 담보하기 위해 감시가 필요한 것 아니냐고 묻는다. 예컨대, 이탈리아 고등학교에서는 구술시험을 공정하게 치르기 위해 옆 학교의 같은 과목 교사가 와서 채점한다고 한다. 한국에서는 교사가 낸 시험 문제를 동료 교사가 검토하고, 교감, 교장 등 관리자가 사인한 후 저장해 놨다가, 나중에 교육청 감사에서 또 확인한다. 수능이 아직까지 선다형 시험인 이유도 서술형 시험은 공정하게 채점하기 어렵다는 불신 때문이라고 본다.

이런 환경에서 자란 나 역시도 핀란드 사회에서 '신뢰'가 가능한 이유를 설명하기가 늘 어려웠고, 그래서 여러 번 핀란드 친구들에게 물었다. 그때마다 핀란드 사람들의 대답은 동일했다. "그냥 믿는 것이다." 교사는 학생을 가르치고 평가하는 분야의 최고 전문가이고, 그런 교사가 학생들을 불공정하게 평가하지는 않을 것이라고 '믿는다'고, '그런 믿음이 학교 행정에 효율성을 가져온다'고 말이다.

핀란드 교사들은 자신의 전문성과 자율성을 인정받는 데서 굉장한 자부심을 느낀다. 마치 칭찬이 고래를 춤추게 하는 것처럼, 사회의 신뢰 덕분에 핀란드 교사들은 교육 활동을 더욱 훌륭하게 수행하려 노력한다. 핀란드 정부는 역사적으로, 정책적으로 교사를 존중하고 존경해 왔다. 교육청이나 교장이 일반 교사를 평가하지 않고, 교장이 어떤 교육 활동을 벌이고자 하면 교육청에서 최대한 지원해 주며, 교사들이 제안한 교육 제도를 적극적으로 수용하는 태도를 갖고 있다. 자발적으로 교육용 게임을 만들어 전국에 보급하고 있는 중학교 교사 예례는 "교사들이 열정과 책무 의식을 가지고 교육 활동에 임하도록 동기를 부여해요"라고 말했다.

—— 잡무는 교장이 전담

일선 교사들을 가장 가까이에서 믿고 지원해 주는 역할을 하는 사람은 바로 교장이다. 핀란드 학교 내 교장과 교사 간 역학 관계는 한국과 확연히 다르다. 일단 교사들이 교장을 자신의 상사라고 여기지 않는다. 오히려 교사를 도와주는 사람이라고 생각하고 언제든지 도움을 요청한다. 한국처럼 교무실만한 교장실을 따로 쓰지도 않는다. 교장은 학교의 리더이긴 하지만 행정가로서의 역할이 더 크다. 학교의 교육 철학을 결정할 뿐 아니라, 예산 배분이나 교사 임용, 수업 시수 분배 및 팀 구성, 학부모 관계 등 광범위한 행정 업무를 맡는다.

젊은 교사라도 자신이 행정 전문성과 리더십이 있다고 생각하면 교장 공모에 지원해 직무를 맡을 수 있다. 초등학교 교장인 안나마리는 "행정 업무를 모두 교장한테 맡기고 행정 보조원 1명만 붙여 줘서 교장은 눈코 뜰 새 없이 바빠요. 교사들끼리 커피를 마시며 담소를 나누는데, 일하러 사무실로 들어가야 할 때 많이 슬프죠"라고 웃음 섞인 하소연을 늘어놓았다.

한국에서는 교사들의 활동 반경을 좁히고 옥죄는 교육 행정 제도를 여럿 봤다. 예를 들면, 학교에 주는 예산을 칸칸이 나누어 100만 원은 미술 도구를 사는데 사용하고, 200만 원은 체육 기구를 사는 데 쓰라고 정해 준다. 학교에서는 정작 10년 된 컴퓨터가 너무 느려 바꿔야 하는데, 작년에 구입한 미술 도구와 체육 기구만 새로 살 수 있다. 이걸 쓰라는 곳에 쓰지 않으면 자금 횡령이 된다. 학교와 교사가 교육 활동을 수행하는 데 필요하다고 판단한 곳에 자율적으로 예산을 쓸 수 있도록 '믿음'을 주지 않는 것이다. 성적표를 꼼꼼하게 쓰는 것은 교사들의 당연한 의무이지만 우리 행정 시스템은 성적표에 줄 바꿈을 한 줄만 할지 두 줄을 할지까지 정해 줘 교사들을 답답하게 한다.

최근 숙명여고의 시험 부정 사태를 보면 우리 교육계가 상호 신뢰만으로 문제없이 굴러가기에는 아직 부족한 게 아닌가 우려가 든다. 닭이 먼저냐 달걀이 먼저냐의 논의가 되풀이되는 지점이다. 우리가 먼저 교사들을 믿고 자율성과 권한을 넘겨줄 것인지, 교사들이 먼저 사회에 모범이 되는 모습을 보여야 할 것인지 말이다.

4

고졸 영업 사원 에투의 행복기

외국인이 핀란드에서 집을 구하기란 여간 까다로운 게 아니다. 월세가 비싸고 부동산 중개료도 만만치 않다. 무엇보다 '신뢰 사회' 핀란드에서 신뢰할 수 없는 낯선 외국인에게 집을 선뜻 빌려주는 주인을 만나기가 쉽지 않다. 부동산에 내 예산이 월 800유로 정도인데 스튜디오를 구할 수 있겠냐고 물었더니, "그런 집은 헬싱키 안에 없다"는 무뚝뚝한 답만 돌아왔다.

'지인 찬스'를 써야겠다고 생각했다. 교환 학생 시절 친구였던 안나가 헬싱키에 살고 있었고, 그녀의 친구 아빠가 스튜디오를 여러 채 갖고 계신데 내 맘에만 든다면 세를 놓겠다고 하셨다. 다만 겨울 동안은 공사 중이어서 한 달 반가량 따로 머물 곳을 찾아야 했다. 그래서 안나의 또 다른 친구 에 투의 집에 한 달 반 정도 얹혀살게 됐다.

1990년생인 에투는 헬싱키 근처 반타 시에 넓은 사우나까 지 딸린 25평짜리 연립 주택을 소유한 세일즈맨이었다. 식당 이나 술집에 반半조리된 음식을 납품하는 회사에 다녔다. 대 학에 가지 않고 열아홉 살 때부터 일을 해 돈을 제법 모을 수 있었다고 했다. 물론 20년짜리 장기 주택 담보 대출을 갚고 있긴 했지만.

나는 핀란드 말을 거의 알아듣지 못했지만, 에투의 목소리 만 들어도 누구에게 전화가 왔는지 짐작할 수 있었다. 내가 취재원이나 상사와 통화할 때처럼, 평소보다 하이톤에 긴장 한 목소리를 내면 클라이언트였다. 클라이언트에게 전화가 오면 자다가도 벌떡 일어나 받았다. 응대하는 목소리에 약간 한숨과 짜증이 묻어 있으면, 같이 일하는 상사였다. 회사 대 표 딸이 낙하산처럼 내려와 일하고 있는데, 영업이 뭔지도 모르면서 오늘은 이 동네에 가라, 내일은 저 동네에 가라며 똥개 훈련시킨다며 불만이 많았다. 핀란드에서도 사회 생활 은 고달픈 것이로구나.

집주인은 자신의 최종 학력이 고졸이라는 것을 부끄러워하지 않았다. '부끄러워하지 않을까'라는 내 생각 자체가 한국적이었다. 핀란드에는 '고졸'이라는 단어도 없다. 에투의 연봉은 약 5만 유로6,400만 원. 대학 나온 친구보다 돈을 많이 벌었고, 취미로 주 2회 아이스하키를 즐기며, 친구들과 결성한 밴드에서 노래도 불렀다. 최근엔 노래를 녹음해 유튜브에 올리고 싶다며 녹음실도 빌렸다. 세일즈는 대학에 가지 않아도 성실하고 사람만 잘 사귈 줄 알면 할 수 있는 일이라고 했다. 오히려 대학 나온 친구들이 "나는 대학 졸업장이 있기 때문에 이런 일은 하고 싶지 않아"라며 어려운 일을 기피해서 안타깝다고 했다. 고등학교 땐 가장 똑똑했던 친구가 대학 졸업하고 3년이 넘도록 아직 직장을 구하지 못했다고도 했다.

에투는 요즘 직장인도 다닐 수 있는 야간 대학에 다니고 있다. 전공은 심리학이다. 영업할 때 클라이언트의 마음을 사로잡기 위해 심리학 책을 두어 권 사서 읽었는데, 흥미가 더 생겨 공부 욕심을 내게 됐다고 했다. 영업 사원 7년 경력을 교수님들이 높이 사, 대학에도 어렵지 않게 입학했다. 한국의 전문대학격인 응용과학대학이라서 비즈니스 사례에 심리학 지식을 적용하는 법을 배운다고 했다. 그가 딱 원했던 공부다. 영업직이라 시간을 비교적 자유롭게 쓸 수 있는데다, 회사에서도 적극적으로 배려해 줘서 더할 나위 없이 좋다고 했다. 학위를 받으면 관리직으로 승진하기도 쉬워진단다.

핀란드에서는 에투 같은 사람들을 곧잘 만날 수 있다. 고등학교 때는 공부에 흥미가 없어 졸업 후 바로 일을 시작한다 → 직장에 다니다 보니 업무와 관련해 더 공부하고 싶은 분야가 생긴다 → 인근 대학에 관련 전공이 있어서 지원서를 쓰고 덜컥 합격한다 → 다녀 보니 어릴 때와 달리 공부도 재미있고, 일에도 도움이 된다. 이런 식이다. 또 다른 친구 M도 청소년 관련 기관에서 일하다 대학에 들어가 교육학을 배우기 시작했다. 내친 김에 석사 과정까지 다니겠다는 포부가 생겼단다.

핀란드에서 인문계고를 졸업한 뒤 곧장 대학에 가는 비율은 2017년 기준으로 약 30퍼센트 안팎이다. 애초에 인문계고에 진학하는 비율이 전체 청소년의 절반 정도여서, 직업계고를 포함한 전체 고교 졸업생을 모두 합치면 그 비율은 더 줄어든다. 나머지 70퍼센트는 1~2년 정도 인턴십을 하면서 대학에서 전공하고 싶은 분야를 구체화하거나, 아예 직장을 잡아 경력을 쌓는다.

헬싱키에서 식당 세 곳을 운영하며 매주
한 번씩 밴드 공연을 여는 에스키 씨.
그는 '대학에 갔다면 좋았을 걸' 하는
후회는 한 번도 해 본 적이 없다고 했다.
©정경화

물론 평생 대학에 가지 않는 경우도 많다. 친구 아버지인 에스키 아저씨의 최종 학력도 고졸이었다. 그는 헬싱키 시내 세 곳에서 식당을 운영하고, 스튜디오 몇 채를 세 주는 풍요로운 중년 생활을 즐기는 이였다. 식당 운영은 거의 직원들에게 맡기고, 매주 한 차례 밴드 공연을 여는 데 온 힘을 다한다는 느낌이었다. 아저씨는 대학에 가야겠다는 생각을 한 번도 해 본 적이 없다고 했다.

핀란드 국가교육위원회에 따르면, 2016년 중학교 종합학교 7~9학년 졸업생 중 52.7퍼센트가 인문계고에, 42.5퍼센트는 직업계고에 갔다. 직업계고에 가더라도 대학에 갈 수 있는 길은 열려 있지만, 대부분은 졸업 후 일자리를 찾는다. 직업계고에 가는 학생들이 인문계고 진학생보다 평균적으로는 학교 성적이 낮을 수밖에 없다. 공부에 흥미가 많을수록 인문계고에 가고, 다른 특기를 살리고 싶을 때 직업계고에 가기 때문이다. 다만 성적순으로 잘라서 52등까지는 인문계, 나머지는 직업계에 가도록 하는 게 아니다.

헬싱키 시의 7~9학년생들은 자신들이 어떤 학교에 진학하고, 어떤 진로를 택할 것인지 결정하기 위해 매년 약 일주일간 직업 체험을 한다. '대충 시간 때우기에 불과하겠지'라고 생각하면 금물. 직업 체험 보고서를 거의 논문처럼 두껍

게 쓸 정도로 상상을 초월한다. 학생들은 회사나 기관, 공장 등에서 근무 시간 내내 직원 옆에 붙어 무슨 일을 어떻게 하는지 관찰하고, 시키는 잔일을 돕는다. 일간지 〈일타사노마트Ilta-Sanomat〉에서 일하는 기자 친구 A도 9학년 때 이 회사에서 직업 체험을 했다가 기자가 적성이다 싶어 '대학에 가지 않고' 기자가 됐다. 취재 현장에도 따라가고 외신 모니터링도 했는데, 그때의 긴박한 분위기가 마음에 들었다는 것이다.

—— 대졸과 고졸의 임금 격차가 핵심

핀란드에서도 대학 진학은 중요한 의미를 가진다. 우선 고등 교육의 발전이 핀란드 경제 성장에 중요한 역할을 한다는 사회적 공감대가 형성돼 있다. 정보 기술 등 지식 기반 산업이 핀란드 경제의 원동력이기 때문이다. 따라서 대학생은 앞으로 핀란드의 발전을 이끌어 갈 지식인으로 인정받는다. 핀란드 전체에 일반 대학University이 13곳뿐이라, 대학에 진학한다는 것 자체가 고등학교 성적이 좋았다는 의미이기도 하다. 핀란드 사람들도 "헬싱키 법대를 나왔다"고 하면 엄지손가락을 치켜세운다. 한국과 다른 점은, 일단 대학에 입학하면 3

년 학부 과정을 거쳐 2년 석사 과정까지 한꺼번에 마치는 게 일반적이라는 것이다. 핀란드 교육이 우수한 이유를 꼽을 때 '교사들이 전부 석사라 전문성이 높다'는 점을 들기도 하는데, 사범대만 그런 게 아니라 대부분 학과가 그렇다. 핀란드에서는 전공이 보다 세분화되는 석사 학위까지는 받아야 그 분야의 전문가라고 인정한다.

매년 2월이 되면 헬싱키 시내에서는 형형색색의 오버롤overall을 맞춰 입은 그해 헬싱키대학교 졸업생들이 트럭 퍼레이드를 펼치는 모습을 볼 수 있다. 헬싱키만이 아니라 대학이 있는 도시 곳곳에서 벌어지는 행사다. 시민들은 그동안 학업에 정진한 이들이 사회에 나오는 것을 존경과 축하의 마음으로 바라본다.

이처럼 대학 졸업자가 사회적 존경을 얻을 수 있는데, 왜 핀란드 고등학생들이 졸업 직후 대학에 가는 비율은 높아지지 않을까? 직업의 귀천을 따지지 않는 고결한 성품 때문일까? 여러 이유가 있겠지만, 핀란드 사람들은 학력에 따른 임금 격차가 적기 때문에 대학에 진학할 이유가 크지 않다고 말한다. 내 처지를 남과 비교하는 것은 본능적이다. 만약 대학을 졸업한 친구는 월 500만 원씩 받는데, 고등학교만 졸업한 나는 그 절반에도 미치지 못하는 월급을 받는다면, 혹은 한 회사에서 같은 일을 하는데도 대학을 나온 사람이 더 빨리 승진하거나 월급을 더 많이 받는 차별이 발생한다면, 제아무리 핀란드라도 '대학에 꼭 가야 한다', '내 자식은 대학에 꼭 보내야겠다'는 강박이 생길 수밖에 없다.

경제협력개발기구에 따르면, 한국은 대졸자가 고졸자보다 50퍼센트 가까이 임금을 더 받고, 석·박사 학위가 있으면 연봉이 거의 두 배로 뛴다. 더 많은 월급을 받기 위해서라도 대학에 진학해야 하는 것이다. 하지만 핀란드의 경우 고졸과 전문대 및 대학 졸업자의 임금 격차가 4~7퍼센트 정도다. 대학에서 최소 5년을 보낼 만큼 열심히 하고 싶은 공부가 있는 게 아니라면, 또 학력과 무관한 직업 세계에 관심이 있다면 곧장 취업해도 그만인 것이다. 경력이 쌓일수록 월급은 오르기 마련이라, 대졸자가 첫 직장을 잡을 때쯤엔 고졸 취업자도 그에 못지않은 급여를 받을 가능성이 높다.

핀란드 교육문화부는 2017년 직업 교육 제도를 '직업 세계의 요구를 더 반영하고, 더욱 소비자 중심적이며, 실무 역량을 강화하는 방향'으로 개편했다. 앞으로 일자리 수요가 늘어날 만한 직업 분야 교육은 확대하고, 그렇지 않은 분야는 줄이는 등 유연하게 대처하고자 한 것이다. 핀란드 직업교육학생연합이 2017년 실시한 설문 조사에 따르면, 직업계고 학생 90퍼센트는 자신이 선택한 분야가 자랑스럽고 동기 부여가 충분하다고 응답했다. 특히 헬스케어나 복지 분야를 전공하는 학생들의 만족도가 높았다. 고령화가 진전되면서 미래 수요가 늘어나는 분야이기 때문에 취업 걱정이 덜하기 때문일 것이다.

여기에서도 '독립적인 시민으로서 자기 몫의 일을 해내면 만족'이라는 핀란드인들의 철학이 고스란히 드러난다. 더군다나 나중에라도 언제든 공부할 필요나 욕구가 생기면 대학 또는 대학원에 진학할 수 있다고 생각하니, 고등학교를 졸업하자마자 대학에 가야 한다는 조급함도 없다.

이제는 우리도 소위 명문 대학을 나왔다고 해서 성공이 보장되지 않는다는 것을 알고 있다. 성공이라는 단어도 거창하다. 일을 하다 보면, 출신 대학이 그 사람의 책임감, 문제 해결 능력, 인성 등 그 어느 것도 설명하지 못하는 경우를 종종 본다. 고등학교만 졸업했어도 톡톡 튀는 아이디어와 성실함으로 성공을 일궈 가는 이들을 만나게 된다. 그럼에도 한국에서는 '고졸'을 자기 의지로 선택하기가 쉽지 않다. 상고 출신이 은행 임원이 되면 기삿거리가 되는 사회다. 그런 이를 대단하다고 추켜세울수록, 고졸은 사회적으로 성공하는 게 특이한 일이라는 고정 관념이 강해진다.

"대학을 나오지 않아도 가족과 나의 생계를 책임질 수 있는 일자리는 얼마든지 있었어. 남부끄럽지 않게 성실하게 살았고, 그 대가로 나이 든 지금은 취미 생활을 즐기며 살 수 있게 됐지."

에스키 아저씨의 뿌듯한 표정이 오래 기억에 남는다.

5

무상 교육은 무상이 아니다

사실 '핀란드 교육'을 떠올릴 때 가장 먼저 생각나는 키워드는 창의성보다는 '무상 교육'이다. 그런데 난 무상 교육이라는 말만 들어도 지긋지긋하다. 한국에서 대상만 바꿔 가며 무상 교육 논란이 반복됐기 때문이다. 한국에서 만 5세 무상 교육 과정인 누리 과정을 두고, '중앙 정부가 돈을 댈 거냐, 지방 교육청이 책임질 거냐'며 치렀던 전쟁을 1년 넘게 취재하다가 나가떨어졌다. 교육부의 이야기를 들으면 이 말이 맞는 것 같고, 교육청의 말을 들으면 그게 논리적인 것 같았다. 철학의 문제가 아니라 돈이 문제였다. 교육청은 "돈이 없다"고 했고, 교육부는 "교육청에 돈 있다"는 입장을 되풀이했다.

중간에 끼인 유치원과 학부모들만큼이나 혼이 쏙 빠졌다. 그 후에는 고등학교 무상 교육을 두고 난리였다. 희한하게도 1학년부터가 아니라 3학년부터 무상 교육을 단계적으로 도입하는 안이 거론됐고, 결국 그렇게 결정됐다.

── **핀란드 무상 교육 및 무상 급식의 뿌리**

핀란드 학생들은 만 5세 유치원pre-school 1년 과정부터 초·중·고등학교, 대학교와 대학원까지 돈을 내지 않고 다닌다. 핀란드 헌법 제16조에 '모든 국민은 무상 교육을 받을 권리가 있다'고 명시돼 있다. 개개인의 능력과 필요에 따라 동등하게 교육받을 기회를 보장받는다.

다른 유럽 국가들과 마찬가지로 핀란드인들도 만 19세가 되면 부모로부터 경제적으로 독립하는 게 보통이다. 가정 형편에 따라 대학 장학금을 차등 지급한다는 논리가 통하지 않는다. 부모가 학자금을 지원하지 않기 때문에, 부모가 경제력을 가졌다고 해서 등록금을 내라고 할 수 없다는 것이다. 대학 교육이 공짜인 것은 물론이고 학생 보조금과 주택 지원금까지 나라에서 매달 수십만 원씩 준다.

1950년대까지만 해도 핀란드인 모두가 열린 교육 기회를 보장받은 것은 아니었다. 전후 핀란드는 빈부 격차가 극심했고, 일부 도시 외에는 충분한 교육 기관도 없었다. 1950년에는 초등 교육 과정을 마친 11세 아동의 27퍼센트 정도만 중학교에 입학했다. 5년제 중학교와 3년제 고등학교로 이뤄진 중등 교육은 도시의 상류층 자제들만 받을 수 있는 특권이었다. 대부분 고등학교가 사립 학교였고, 이곳을 졸업한 이들은 다시 상류층에 편입됐다. 반면 중학교에 가지 못한 빈곤한 하류층 자녀들은 지방 자치 단체가 운영하는 공민 학교에 가서 직업 교육을 받았다. 이마저도 규모가 큰 도시들에서만 운영됐다.

핀란드 국민들 사이에서 평등한 교육 기회에 대한 열망이 높아진 것은 1960년대부터다. 핀란드 경제 발전 과정은 뒤에서 다루겠지만, 빈곤했던 핀란드가 대對소련 수출 위주로 성장하면서 교육 제도를 논할 여력이 생겼다고 봐야 할 것이다. 제조업 위주 경제 성장의 주역이었던 노동자 계층의 목소리가 커졌고, 이들은 자기 자녀들이 공교육의 혜택을 받을 수 있기를 바랐다.

핀란드는 치열한 논의 끝에 모든 아이들이 중등 교육까지 의무적으로 받도록 하는 종합학교peruskoulu를 새로 만들었다. 9년제 종합학교 외에도 고교와 대학 등록금도 모두 정부가 내기로 했다. 핀란드인들은 서구 민주 사회와 시장 경제의 어엿한 일원으로 인정받기 위해서라도 모든 사람이 더 좋은 교육을 받아야 한다는 사회적 합의를 이뤘다.

많이 알려져 있는 사실이지만, 핀란드에서는 고등학교까지는 급식도 무료다. 오전에 학교를 방문하면 보통 1~2시간 정도 수업을 참관한 뒤 점심을 먹곤 했는데, 메뉴는 어느 학교를 가더라도 비슷했다. 샐러드, 삶은 콩을 비롯한 야채, 으깬 감자, 빵이 필수로 나오고, 구운 생선이나 고기 요리 등 따듯한 음식이 메인으로 나온다. 가끔 연어 스프나 스파게티가 나오기도 한다. 여기에 물 한 잔과 우유 또는 오렌지 주스 한 잔이다. 채식주의자 메뉴도 매일 별도로 준비돼 있다. 뷔페식이어서 학생들이 큰 접시에 먹을 만큼 직접 담는다. 대학교 학생 식당도 마찬가지인데, 대신 돈을 조금 지불해야 한다. 학생 기준 3유로 이내면 먹을 수 있다. 맛보다는 영양을 골고루 갖춘 담백한 한 끼다.

무상 급식의 뿌리는 100여 년을 거슬러 올라간다. 전후 곤궁했던 핀란드인들은 어린 학생들의 영양 상태를 개선하기 위해 급식이 꼭 필요하다고 여겼다. 1913년부터 국가가 초등학교에 학교 급식을 위한 보조금을 지급했고, 1943년 무료 급식 관련 법령을 제정했다. 그러면서 학생들에게 방과

핀란드의 모든 학교에서 무상으로 제공하는 급식. 어느 학교를 가든 샐러드, 삶은 콩을 비롯한 야채, 으깬 감자, 빵이 필수로 나오고 구운 생선이나 고기 요리가 메인으로 나온다. 여기에 물과 우유 또는 오렌지 주스 한 잔이다.
©정경화

후 학교 급식에 필요한 식재료 재배나 채취 등을 맡겼다. 모든 학교가 무료 급식을 실시할 수 있는 여건을 갖춘 때는 1948년부터였다. 《핀란드는 어떻게 복지 선진국이 되었나》(2018)에서 키르시 린드로오스Kirsi Lindroos 전 핀란드 교육청장은 "어릴 때 몸에 밴 식사 습관이 평생의 건강 유지에 영향을 주기 때문에 급식이 중요한 역할을 한다"라고 설명한다. 이제는 핀란드가 부유한 국가가 됐고, 비만 어린이가 늘어나는 추세를 막는 데 학교 급식이 중요한 수단으로 여겨진다는 설명이다.

무상 교육과 무상 급식을 실시하느냐 마느냐를 두고 핀란드에서는 어떠한 정치적 논란도 없다. 심지어 국가 재정이 좋지 않아 대학생 지원금을 줄이는 등 교육 복지 예산을 삭감할 때도, 고교생 이하를 위한 재원은 건드리지 않았다.

—— 무상 교육과 무상 급식의 전제 조건

여러 번 핀란드 학교에 대한 기사를 썼는데, 대부분 인터넷에서 큰 반응을 얻었다. "핀란드는 인구가 550만 명밖에 되지 않는 작은 나라인데 한국과 비교하기는 어렵다"는 회의적인 댓글도 가끔 달렸다. 그러나 대부분은 기사 내용과 관계

핀란드 오울루에 위치한 어느 초등학교. 여기서 무상 교육이 이뤄지기 위해 핀란드 국민들은 자기 소득에서 3분의 1 정도를 세금으로 낸다. ©Gettyimages

없이 핀란드 교육이 어떤 단점도 없는 완벽한 제도인 듯 찬양하는 댓글이었다. 특히 무상 교육, 무상 급식을 우리도 도입해야 한다는 주장이 자주 눈에 띄었다. 모든 아이들에게 교육 기회를 평등하게 제공하겠다는 핀란드의 철학에 쉽게 반기를 들긴 어렵다. 그렇다면 우리도 핀란드의 무상 교육 제도를 들여올 수 있을까?

핀란드의 무상 교육과 무상 급식은 높은 세율을 바탕으로 유지된다. 돈 잘 버는 대기업에 잔뜩 세금을 매기는 게 아니라, 일해서 돈을 버는 사람이라면 누구나 소득의 35퍼센트 가량을 세금으로 낸다. 핀란드에 간 지 얼마 되지 않았을 때 주변 사람들에게 "한국에선 핀란드의 무상 급식을 부러워하는 이들이 많아요"라고 몇 번 말했다. 내 말을 들은 이 중 한 명이었던 대학생 테르히는 "공짜가 아닌데요?"라고 잘라 말해 나를 무안하게 했다. 급식을 먹는 학생 개인이 급식비를 내지는 않지만, 나의 부모, 옆집 아저씨 아줌마가 성실히 일해서 번 돈을 세금으로 내서 만든 제도라는 설명이었다. 그는 무상 교육과 무상 급식이 물이나 공기처럼 정말 공짜로 제공받을 수 있는 자연 자원이 아니라는 점을 강조했다. "누군가가 그 값을 지불하지 않으면 돌아가지 않는데, 마치 대가를 치르지 않고도 받을 수 있는 서비스인 것처럼 생각하는 것은 오해라고 생각해요." 학부모들 역시 "내가 정부에 세금을 낸 만큼 돌려받는 것"이라고 말했다.

무상 교육·무상 급식 제도는 어디서 넝쿨째로 굴러 들어오는 호박이 아니다. 자기 소득의 3분의 1 정도를 뚝 떼어 세금으로 내겠다는 사회적 합의가 먼저 이뤄져야 한다. 돈 많이 버는 대기업이 법인세를 많이 내서 시행하면 되지 않느냐고 생각할 수 있는데, 핀란드의 경우 기업 법인세가 20퍼센트로 세계에서 가장 낮은 수준이다. 나는 세금을 더 낼 수 없지만, 복지 혜택은 더 받겠다는 생각으로는 북유럽식 복지 제도가 자리 잡을 리 만무하다. 또, 이런 마음가짐이 바뀌려면 적당한 시간 일하고 야근과 인간관계 스트레스 없는 노동 환경이 우선돼야 한다. 그런 노동 환경이 갖춰지려면 정해진 근무 시간 내에 최고의 효율을 내려는 개개인의 근면 성실도 필요하다. '닭이 먼저냐 달걀이 먼저냐'다. 교육 제도만 따로 떼어 볼 수 없고, 좋아 보이는 그 제도만 그대로 들여올 수도 없다.

6

영어 구사 인구 77퍼센트의 비밀

모바일 게임 〈클래시 오브 클랜〉으로 유명한 핀란드 게임 회사 '슈퍼셀'의 공식 업무 언어는 영어다. 핀란드 기업이지만 직원의 70퍼센트가 외국 국적자이고, 나머지 핀란드인 직원들도 영어로 의사소통하는 데 어려움이 없다. 직원 대부분이 게임을 개발하는 '공돌이'라는데 영어마저 잘한다니, 핀란드에도 문과생들의 설 자리는 없는 것인가 걱정될 정도다.

핀란드 사람들은 그야말로 남녀노소 가리지 않고 막힘없이 영어를 한다. 나이나 지역에 따른 영어 실력 편차는 확실히 적다. 물론 직업군에 따라 간혹 영어로 말하기를 어려워하는 사람들을 만날 수 있다. 용접 기술을 가르치는 성인 교육 센터에 방문했을 때, 그곳의 교육생들이 손사래를 치며 "영어를 못한다"고 한 적이 있었다. 다만 그런 경우에도 내가 영어로 하는 질문은 모두 알아듣고 대답만 핀란드어로 했다.

—— 왜 핀란드는 영어에 집착할까?

사실 북유럽 지역 전체가 워낙 영어 잘하기로 소문난 동네다. 글로벌 교육 기업 EF가 매년 전 세계 비영어권 88개국의 영어 유창성 지수English Proficiency Index를 내놓는데, 2018년 기준으로 스웨덴이 수년째 영어를 제일 잘하는 나라로 뽑혔고, 노르웨이, 덴마크, 핀란드가 모두 10위권 안에 들었다. 한국은 31위로 '보통moderate' 수준의 평가를 받았다.

북유럽 국가들의 언어가 영어와 비슷하니 저절로 영어를 잘하는 것일까? 핀란드는 상황이 좀 다르다. 나라 위치는 북유럽에 있긴 하지만, 언어는 나머지 북유럽 국가들과 뿌리부터 다르기 때문이다. 핀란드어는 우랄어족에 속해 오히려 우랄알타이어족인 우리말과 공통점이 있다. 어순은 주어-서술어-목적어 순으로 영어와 같지만, 전치사in, on, at 등 대신 조사~안에, ~위에, ~에서 등가 있다는 점은 한국어와 같다.

예컨대, 핀란드어로 '(나는) 학교에 간다'는 '(Minä) menen kouluun'이다. 한국어처럼 주어를 생략할 수 있고, 학교 (koulu) 뒤에 '~에'에 해당하는 조사 'un'이 붙는다. 'I go to school'에서 전치사 'to' 뒤에 목적어 'school'이 붙는 영어와 구조가 다르다.

그럼에도 핀란드 사람들은 다른 북유럽 사람들만큼이나 영어를 잘하며, 영어 교육을 매우 중요하게 여긴다. 그 이유로 많은 사람들이 "핀란드 밖에서는 핀란드 말을 쓸 수 있는 나라가 없기 때문"이라고 답한다. 핀란드는 인구가 550만 명밖에 안 되는 작은 나라다. 내수 시장이 아니라 수출이 경제를 이끈다. 영어를 못하면 글로벌 시장에서 살아남기 힘들다는 의미다. 에로 수오미넨Eero Suominen 주한 핀란드 대사는 "우리는 유럽의 작은 국가이므로, 영어를 비롯해 독일어, 중국어 등 여러 외국어를 구사하는 것을 중요한 능력으로 여깁니다"라고 말했다.

어쩌면 어린 시절부터 영어를 접하기에 유리한 환경이기도 하다. 마케팅 회사에 다니는 친구 마리아는 "내 영어 선생님은 해리포터였어"라고 했다. 초등학교 때 소설《해리 포터》시리즈가 전 세계적으로 히트를 쳤는데, 핀란드 서점에는 영어로 된 원서만 나와 있을 뿐 핀란드어 번역판은 1년 가까이 지나도록 보이질 않았다. 울며 겨자 먹기로《해리 포터》를 원서로 사서 읽기 시작했는데, 너무 재미있어서 놓을 수가 없었단다. 모르는 단어나 문장은 부모님과 선생님에게 묻고 영어 사전을 찾아가며 두꺼운 책을 모두 읽었다는 것이다. 흥미진진한 스토리에 푹 빠져든 사이에 자기도 모르게 영어 실력이 일취월장했다.

TV 드라마나 영화, 음악 등 대중문화 시장이 영미권 영향을 크게 받는 것도 한몫한다. 핀란드 내수 시장이 협소해 핀란드 방송사 채널을 틀어도 TV 프로그램 절반가량이 영국이나 미국에서 만든 방송으로 채워져 있다. 〈BBC〉는 이를 노리고 'BBC 노르딕'이라는 채널을 만들었을 정도다. 남자 아이들은 게임을 통해 영어를 저절로 익힌다는 학부모들의 걱정 섞인 목소리도 있다. 핀란드의 어린 아이들은 이처럼 알게 모르게 영어에 노출된 환경에서 자란다.

—— 어떻게 하든 영어로 말하게 한다

다음은 공교육이 바통을 이어받는다. 아무리 미국산, 영국산 드라마를 많이 본다 한들, 일상생활이 완전히 영어에 노출된 환경이 아니라면 교육의 역할이 필요하다. 핀란드 전역에서 초등학교 3학년부터 영어 수업이 필수다. 2019년부터 헬싱키에서는 1학년부터 외국어 교육을 실시하고 있다. 어떤 외국어를 배울지는 학생이 선택하는데, 대부분이 영어를 고른다. 2016년 개정된 국가 교육 과정에서 '언어 교육의 다양화'를 강조함에 따라, 헬싱키 시는 더 어릴 때부터 자신이 선택한 외국어를 배울 수 있는 환경을 적극 마련해 주기로 했다. 중앙 정부는 기본 교육 과정의 틀만 제시하고, 이를 구체화할 수 있는 권한을 지방 교육청에 모두 넘겨줬기 때문에 시도별 차별화가 이뤄진다. 물론 수도인 헬싱키가 외국어 교육에 적극 나서기 시작하면서, 다른 지방에서도 이를 따라가려는 움직임을 보이고 있다.

핀란드의 영어 수업은 말하기 위주의 실용 교육에 초점이 맞춰져 있다. 한번은 헬싱키에서 기차로 5시간이나 떨어진 작은 시골 중학교 영어 수업을 참관할 기회가 있었다. 러시아에 인접한 작은 마을이어서, 확실히 대도시 헬싱키 학생들보다 수줍음이 많았다. 한 반 학생이 16명이었는데 4명씩 조를 짜서 앉았다. 그날의 말하기 주제는 '여름 방학에 하고 싶은 일'이었다. 이전 수업에서 'to 부정사'를 배웠다고 했다. 영어 교사 키르시는 수업 때마다 학생들이 둘씩 짝을 짓거나 조를 짜서 영어를 입 밖으로 직접 내어 보게 한다고 했다. 그

동안 지켜본 다른 수업들만큼이나 이 영어 교실도 시끌벅적했다.

재밌는 점은 처음부터 영어로 말하게 하지 않고, 방학에 하고 싶은 일을 핀란드어로 말하게 한 다음에 그것을 영어로 옮기는 연습을 했다는 것이다. 키르시는 "영어를 자연스럽게 접할 일이 적은 동네라, 처음부터 영어로 말하게 했더니 쑥스러워 참여를 덜 하더라고요. 말하고 싶은 내용을 정확히 인지한 다음, 그동안 배운 문법에 맞게 하나씩 영어 단어를 찾아 말하는 연습을 하면 나중에 쉽게 잊어버리지 않아요"라고 설명했다.

그 와중에도 수업 내내 입을 열지 않고 딴청을 피우는 남학생이 있었다. 그러자 보조 교사인 피터가 옆자리에 앉아 대화를 이끌었다. 남학생은 "방학에 특별히 하고 싶은 일이 없어서 발표하기 싫어요"라고 말하자, 피터는 "잠을 늘어지게 자고 싶다든지, 게임을 실컷 하고 싶다든지 무엇이든 좋아. 반드시 특별한 일을 해야 하는 건 아니니 걱정하지 마"라고 달랬다.

영국인인 피터는 키르시뿐 아니라 다른 영어 수업에도 보조 교사로 들어가, 수업에 뒤처지는 학생들을 일대일로 돌보는 역할을 했다. 키르시는 "보조 교사가 몇몇 아이들을 챙기기 때문에, 내가 수업 진도를 나가는 데 어려움이 없어요. 특히 영어 수업은 아이들과 말을 많이 할수록 좋기 때문에 보조 교사의 도움을 많이 받고 있습니다"라고 말했다.

영어를 잘하려면 역시 영어를 많이 듣고, 많이 뱉어 보는 수밖에 없다고 한다. 영어라고 특별한 게 아니라 어떤 언어라도 마찬가지다. 핀란드인 77퍼센트가 영어를 자유자재로 구사하게 만든 영어 교육의 비결도 다르지 않다. 학생들이 '영어를 많이 듣고 말할 기회를 준다'는 것이다. 아이돌 '방탄소년단'의 영어 실력이 화제가 된 적이 있었다. 미국 토크쇼에서 당당히 영어로 인터뷰하는 모습에 많은 사람들이 놀랐다. 미국 시트콤 '프렌즈'를 처음에는 한국어 자막, 두 번째는 영어 자막, 세 번째는 자막 없이 보면서 영어를 익혔다고 했다.

7

핀란드 학교가 낙오자를 대하는 태도

핀란드 교육을 취재해 기사로 내는 일은 대체로 재미있었지만 저어되는 때도 있었다. 핀란드는 마냥 천국이고 한국은 지옥인 것처럼 비춰지는 게 아닌가 싶어서였다. 핀란드가 학교와 교사, 학생에게 자율성을 보장해 주고, 그 자율성이 높은 효율을 내고 있다는 점만큼은 분명하다. 하지만 핀란드도 사람이 모여 사는 사회다. 제대로 살펴 보면, 핀란드 교육 역시 여러 고민을 안고 있다는 사실을 알게 된다. 남녀 학생 간 또는 지역 간 학업 성취도 격차가 벌어지는 것이나, 학교 폭력 문제가 그렇다. 시대 변화에 따른 교사들의 재교육 문제, 이민자 통합 교육도 새 과제로 떠오르고 있다.

요즘 핀란드 교육계에서는 남녀 학생 간 학력 격차가 큰 고민이다. 가장 최근인 2015년 국제학업성취도평가에서 핀란드 여학생들은 읽기, 수학, 과학 등 3개 영역 모두에서 남학생을 앞질렀다. 읽기에서 여학생과 남학생의 평균 점수 차는 47점이나 벌어졌다. 과학은 20점 앞섰고, 수학도 8점 차이가 났다. 핀란드의 성별 학력 격차는 다른 국가에 비해서도 가장 컸다.

여학생 성적이 남학생을 뛰어넘는 현상은 핀란드뿐 아니라 선진국에서 공통적으로 나타나고 있다. 한국도 마찬가지다. 미국 미주리대학교와 영국 글래스고대학교 연구 팀이 2000년부터 2010년 사이 국제학업성취도평가를 분석해 보니, 참여 국가의 70퍼센트에서 여학생 성적이 남학생을 앞질렀다.

연구 팀은 "여학생들이 교실 환경에 적응을 잘하고, 스스로 통제하는 능력도 남학생보다 더 뛰어나다"고 설명했다. 이런 차이가 초등학교에서 나타나기 시작해 시간이 갈수록 남학생과의 격차를 벌려 나간다는 것이다. 교사가 강단에 서서 말로 설명하고 책을 읽는 기존의 학습 방식이 언어 능력이 더 뛰어난 여학생들에게 유리하다는 지적도 있다. "여성이 남성보다 더 뛰어난 언어 능력을 타고난 걸 어쩌란 말인가?",

핀란드 에스포Espoo 시의 한 중학교 남학생이 방과 후 같은 동네에 사는 할머니에게 책을 읽어 주고 있다. 할머니는 남는 시간을 어린 학생들과 보낼 수 있어 좋고, 학생은 혼자서는 읽기 싫었던 책을 할머니와 함께 읽으며 흥미를 붙여 나간다. 이 학교는 '읽기' 능력이 부족한 학생들과 마을 어르신들을 매칭해 함께 책 읽는 시간을 마련하고 있다. ⓒ정경화

"여학생이 공부를 잘하는 게 문제라도 된단 말인가?" 하고 반문할 수도 있다. 그래서 한국을 포함한 대부분의 국가는 성별 학력 격차가 벌어지는 것을 알고도 별 대책 없이 내버려 두고 있다.

—— **침묵하는 남학생들의 입을 열게 한 방법**

모두가 포기할 때 핀란드 학교들은 움직이기 시작했다. 핀란드 교육가들은 국제학업성취도평가 성적에 연연하지 않는다고 말하면서도, 정작 이런 문제점이 발견되니 발 빠르게 움직였다. 교육 현장에서부터 "그동안 학교가 남학생들을 잊고 있었다"는 자성의 목소리가 나오기 시작했다. 헬싱키 마우눌라중학교 교장인 카리타 얄라스토는 "수십 년간 여학생들에게 공평한 기회를 주는 데 집중하는 사이 남학생들이 학교에서 멀어지는 걸 알아채지 못했어요. 남학생들이 교실에서 밀려난다고 느끼면서 컴퓨터 게임과 스포츠에만 몰두하게 됐죠"라고 말했다.

학교는 작은 사회다. 남학생들이 학교에 흥미를 잃고 등을 돌리게 되면 사회에 나가서도 낙오할 가능성이 높아지고, 남녀 갈등으로 이어질 수도 있다. 내가 만난 핀란드 교육가들은 이 부분을 가장 우려했다. 한 사람도 낙오하지 않도록 챙긴다는 평등 교육의 철학이 여기서도 나타난 것이다.

마우눌라중학교 7학년 역사 수업은 컴퓨터실에서 열렸다. 학생 20명이 교과서를 펴는 대신 온라인 게임에 동시에 접속했다. 무인도에 고립된 시민 100명이 구조대가 도착할 때까지 1년간 행복 지수를 100 이상으로 유지하는 게 공동 과제다. 각자 땅을 일궈 곡식을 수확하면 포인트가 쌓이고, 이 포인트로 집이나 대장간을 짓는다. 학교나 시장, 수영장 등을 만들 수도 있다. 컴퓨터 모니터에 투표 창이 열리면 학생들이 짓고 싶은 건물을 클릭하고, 가장 많은 표를 받은 건물이 무인도에 지어진다. 그렇다고 건물을 마구 지어 포인트를 소비하면 곡식을 살 돈이 모자라 시민들이 배를 곯는다. 수업 시간은 내내 소란스러웠다. 특히 남학생들이 적극적이었다. 이로가 "다들 대장간을 클릭해! 농기구를 만들어야 곡식을 더 많이 얻을 수 있어"라고 외치자, 아티가 "안 돼! 밖에서 자는 80명에게 필요한 집부터 짓자"고 반박했다. 아이들은 게임을 통해 오래전 인간들이 어떻게 무리를 짓고, 마을을 만들고, 사회를 형성해 갔는지 자연스레 익히고 있었다.

다른 교실로 이동했다. 이번엔 9학년 시민 사회 수업. 직전 수업에서 '기후 변화'에 대해 강의를 들은 학생들이 조를 짜서 보드게임을 하고 있었다. 한 나라의 천연자원을 개발해 돈을 벌면서도 그 돈의 일부는 환경 보호 활동에 지출해서 지구 온난화를 막는 것이다. 국가마다 협력하지 않으면 온난화가 가속화되고, 그렇다고 개발에 나서지 않으면 돈이 없어 나라가 파산한다. 학생들은 끊임없이 재잘거리며 게임에 참여했다.

두 수업을 맡은 사회 교사 예레 린나넨은 한 학기에 두세 차례 교육용 게임 Learning Game 수업을 진행한다. 강의식 수업이 주를 이루지만, 주제에 따라 게임하기에 적합하다는 판단이 들면 적극적으로 활용한다. 린나넨이 수업에 교육용 게임을 도입한 이유는 수업 내내 입 한 번 떼지 않는 남학생들의 흥미를 끌어 보기 위해서였다. 결과는 놀라웠다. 평소에는 창밖만 바라보던 남학생들이 경쟁 요소가 있는 게임 시간에는 먼저 손들고 질문을 던졌다. 린나넨은 이미 나와 있는 게임을 수업에 활용하는 데 멈추지 않고, 직접 교육용 게임을 개발하는 회사까지 세웠다. 그는 "공부에 관심 없는 아이도 게임을 통해 관심을 갖게 된 주제에 대해서는 이후에도 스스로 찾아서 공부하더라고요"라고 말했다.

문제가 불거졌을 때 핀란드 교육계는 우려와 반성에만 그치지 않고 해결책을 찾아 나선다. 남학생들의 학습 동기를 끌어내기 위한 해법으로 '게임 기반 학습Game-based Learning'을 제시한 것도 그 일환이다. 게임은 남학생들의 경쟁심과 호기심을 자극할 뿐 아니라 창의력과 협동심도 자라게 했다. 게임을 통해 성취감을 느낀 학생들이 다른 수업에도 덩달아 적극적으로 참여하는 효과가 있는 것으로 나타났다. 교육용 게임이라고 하면 단어 외우기나 단순한 사칙 연산 등에 국한될 것 같지만, 중고생 수준에 적합한 다양한 온·오프라인 게임이 개발되고 있다. 주제도 수학, 화학, 역사, 우주 등 다양하다.

재미있는 점은 이런 제안이 정부나 지방 교육청에서 만들어 일선 교육 현장으로 내려보낸 게 아니라, 교사들이 교실에서 느낀 점을 바탕으로 교육용 게임 프로그램이나 수업을 개발하고 이를 주변 학교로 퍼뜨렸다는 점이다. 효과가 있다는 판단이 서자 교육문화부가 이를 전국의 교사들에게 다시 전달했다. 이처럼 '아래에서 위로bottom-up' 방식의 정책 결정은 핀란드에서 '흔히' 이뤄진다.

—— '친구의 침묵'을 깨라

학교 폭력이나 따돌림 문제 역시 핀란드라고 예외일 수는 없다. 어딜 가나 친구를 괴롭히는 못된 학생이 있게 마련이다.

2007년 요켈란중·고교에서 9명이 사망한 총기 사건, 2012년 알라하르마종합학교에서 일어난 칼부림 사건 등 언론에 보도될 정도로 심각한 학교 폭력 사건이 2000년대 중반 이후 수차례 발생했다.

이에 따라 핀란드 정부는 학교 폭력 예방을 교육 정책의 우선순위에 두기로 결정했다. 총기나 칼 등 위험한 무기를 이용한 심각한 학교 폭력 사건으로 번지기 전에, 언어폭력이나 사소한 괴롭힘부터 바로잡기로 했다.

그 해결책 가운데 하나가 핀란드 종합학교 1~9학년에 도입된 '키바 코울루 Kiva Koulu'이다. 이 프로그램은 접근 방식이 독특하다. 폭력 가해 학생을 어떻게 처벌하고 훈육할지, 피해 학생은 어떻게 위로하고 보상할지를 정하는 일반적인 학교 폭력 대책이 아니다. 핀란드어 'Kiva'는 '신나는', 'Koulu'는 '학교'라는 뜻이다. 의역하면 '(폭력이 없어서) 신나는 학교'쯤 된다. 키바 코울루는 가해자 처벌이나 피해자 지원보다는 '학교 폭력을 방관하는 제3의 학생이 적극적으로 피해자 편에 서게 하자'는 새로운 관점에서 접근한 프로그램이다.

이 프로그램을 개발한 투르쿠대학교의 연구 결과에 따르면, 학교 내 괴롭힘 Bullying에는 구조가 있다. 전체 학생 중 8

퍼센트가 괴롭힘을 주도하는 가해 학생이고 12퍼센트는 피해 학생이다. 또, 20퍼센트는 가해자의 행동을 부추기거나 돕는다. 피해 학생 편을 드는 조력자 그룹은 17퍼센트 정도다. 그리고 나머지 24퍼센트는 방관한다. 같은 반 친구가 괴롭힘을 당하거나 말거나 신경을 쓰지 않는다는 의미다. 키바 코울루는 이처럼 방관하는 학생들을 조력자로 만드는 데 중점을 둔다. 예컨대, 친구들 사이에 괴롭힘 상황이 벌어질 때 가해 학생을 제지하고 선생님에게 달려가 이를 알리는 행동 가이드라인을 제시한다. 학교마다 학교 폭력 담당자를 최소 3명 이상 두도록 했고, 이들은 눈에 띄는 형광색 조끼를 입고 쉬는 시간에도 야외에서 괴롭힘이 벌어지지 않는지 감독한다. 학생들이 쉽게 도움을 청할 수 있도록 하기 위해서다.

마틴 루터 킹Martin Luther King 목사는 "결국 우리가 기억하는 것은 적들의 말이 아닌 친구의 침묵일 것이다In the end, we will remember not the words of our enemies, but the silence of our friends" 라고 말했다. 키바 코울루의 철학은 여기에 기반을 뒀다. 키바 코울루 매니저인 요한나 알라넨 투르쿠대학교 연구원은 "피해 학생이 괴롭힘을 당하더라도 친구나 선생님 등 내 편이 되어 주고 도와줄 수 있는 사람이 있으면 상처를 덜 받아요. 피해 학생의 조력자가 나타나면 가해 학생 역시 괴롭히면서 얻는 만족감이 줄고 결국 괴롭힐 동기가 사라지거든요"
라고 말했다.

물론 피해 학생과 가해 학생을 지원하는 체계도 마련하고
있다. 알라넨은 "가해 학생 역시 학교 폭력의 희생자로 보고
대처합니다"라고 했다. 가해 학생이 공격적인 행동을 보이는
것은 원하는 것을 얻기 위한 수단으로 잘못 인식하고 있기
때문이며, 이를 바로잡는 것은 어른들의 책임이라는 것이다.

무엇보다 인상적인 사실은 키바 코울루가 핀란드 교육문
화부와 투르쿠대학교, 두 주체의 연구 결과에 기반을 두고
개발됐다는 점이다. 다른 나라들의 학교 폭력 대책을 그대로
갖다 쓰지 않았다. 시간이 오래 걸리더라도 핀란드 환경에
맞는 프로그램을 기획했고, 핀란드 학교에서 직접 실험과 평
가를 거친 뒤 적용했다. 현재 핀란드 학교 2,603곳에서 키바
코울루를 운영하고 있다. 알라넨은 "키바 코울루가 처음 도
입된 2009년에는 학교에서 괴롭힘을 당했다고 응답한 학생
비율이 16.5퍼센트였지만, 2016년에는 11.6퍼센트까지 낮아
졌습니다"라고 말했다.

핀란드는 문제를 맞닥뜨리면 늘 '핀란드만의 길The Finnish
Way' 찾기에 몰두한다. 전 세계 교육 개혁의 흐름이 '경쟁'을
강조할 때, 인구가 적은 핀란드는 똘똘 뭉치는 게 중요하다

며 '협력'과 '평등'을 최우선에 둔 교육 개혁을 추진했다. 지금 많은 나라가 '4차 산업 혁명에 대비해 교육을 바꿔야 한다'고 법석을 떨지만, 핀란드 교사들은 "교육의 본질인 협동심과 의사 소통 능력을 길러 주면 디지털화에도 대비할 수 있다"라며 차분한 편이다. 다른 나라 제도를 베끼기보다는 기존 방식의 장점을 살리고 핀란드식 해법을 찾겠다는 태도를 견지하고 있다. 핀란드에서 배울 것이 있다면 특정한 제도나 방식이 아니라 '우리에게 맞는 우리만의 해법을 찾는다'는 태도일 것이다.

공 교 육

8

'단 한 명의 낙오자도 없는 교육'의 진짜 의미

교육에 얼마나 가치를 두는가, 즉 교육열 측면에서 핀란드와 한국은 우열을 가리기 어렵다. 한국이 전쟁 이후 폐허가 된 국토에서 '한강의 기적'을 일궈낼 수 있었던 비결로 교육열을 꼽듯이, 핀란드 사람들도 전후 유럽의 최빈국에서 북유럽 강소국으로 성장하는 데 교육이 가장 중요한 역할을 했다고 말한다. 천연자원도 없고 제조업 기반도 없는 나라에서 '사람이 곧 재산'이라며 인재를 길러 내는 데 집중했다.

국가 교육의 목표에 대한 이야기다. 정부가 예산을 연간 수십조 원씩 써서 공교육 시스템을 만들고 정비하는 목적은 결국 나라를 풍요롭게 만드는 데 있다고 본다. 핀란드도 마찬가지다. 1960~1970년대에는 '서구 민주주의 사회에 편입하기 위해, 세계 시장 경제에 적응하기 위해서는 모두 함께 가야 한다'는 국민들의 목소리가 공교육 확대로 이어졌다. 1990년대 이후 핀란드 교육이 '창의성'을 강조한 것도, 경제 위기를 맞아 새로운 성장 동력을 만들기 위해 찾아낸 해결책이었다. 창의력을 갖춘 인재가 많아야 핀란드가 기술 및 지식 기반 경제를 이끌어 갈 수 있다고 본 것이다.

'어떤 인재가 나라를 풍요롭게 하는가' 하는 질문에서, 나는 '자립'이라는 키워드를 찾아냈다. 2년 동안 핀란드 현지에서 생활하고, 여전히 핀란드를 관심 있게 지켜보고 내린 결론이다. 핀란드 독립 100주년을 기념해 인터뷰를 했던 에로 수오미넨 주한 핀란드 대사는 "100년 전 태어난 핀란드가 지금처럼 강소국으로 성장한 데는 '자립하는 시민'을 길러 내는 교육의 역할이 컸습니다"라고 했다. 핀란드가 교육을 중시한 덕에 빠르게 성장했는데, 그 교육이라는 것이 '스스로의 힘으로 삶을 꾸리는 능력'을 갖추는 것을 줄곧 강조해 왔다는 얘기였다. 앞서 언급했듯이 핀란드에 사교육이 생겨도 시키지 않겠다는 학부모는 "내 아이가 스무 살이 되면 독립하고, 일자리를 찾아 제 몫의 월급을 받아 세금을 내는 당당한 시민이 되면 더 바랄 것이 없어요"라고 했다. 미국인과 결혼해 이민

매년 새 학기 직전에 열리는 대학 신입생 오리엔테이션
행사 모습. 이들은 독립된 사회적 개체로서 대우받는다.
©Gettyimages

을 갔던 핀란드 기자 아누 파르타넨도 《우리는 미래에 조금 먼저 도착했습니다》(2017)라는 책에서 "핀란드의 무상 교육 제도는 가난한 집 자녀도 가족에 의지하지 않고 공부해 독립적인 시민으로 자랄 수 있도록 한다"라고 설명한다.

귀에 못이 박히도록 들었던 '단 한 명의 낙오자도 없는 교육'이라는 핀란드 교육의 모토. 여기서 낙오자라는 것 역시, 단순히 수업 진도를 따라오지 못하는 학생만을 일컫는 게 아니다. 학교라는 작은 사회에서 뒤처지기 시작하면 졸업 후 세상에서도 낙오해 독립하지 못하고 국가에 의존하는 시민이 되는 것을 염려하는 것이다.

그래서 핀란드 학교는 단순한 지식 전달과 정답 맞추기에만 집착하지 않는다. 공부를 잘하는 학생은 대학에 가도록 가르치면 되지만, 공부를 못하는 학생은 자기 적성과 진로를 찾아갈 수 있도록 길잡이가 되어 줘야 한다. 사지선다형 문제를 몇 개 더 맞추는 능력보다는 집안일은 스스로 하고 옆 사람과 싸우지 않고 협력하는 방법을 알려 주는 게 긴 인생을 살아가는 데 더 도움이 된다고 생각하는 것이다.

핀란드의 교육 현장을 들여다보면서 언뜻 추상적으로 들리는 '평등 교육' 철학이 사실은 매우 실용적인 수단이라는 결론에 이르게 됐다. 나라를 운영하고 복지 제도를 유지하려면 정부 곳간에 돈이 있어야 하고, 곳간에 돈이 들어오려면 국민들이 열심히 일해 번 돈으로 세금을 내줘야 한다. 놀면서 복지 혜택을 받는 '무임승차자'가 적고, 경제 활동에 참가하는 인구가 많아야 한다. 그러기 위해서는 어린 아이들이 자신의 삶을 스스로 영위하고 세금도 꼬박꼬박 내는 훌륭한 시민으로 자랄 수 있도록 가르쳐야 한다. 그런 시민을 길러내는 게 핀란드 교육의 목표였던 것이다. 핀란드 교육위원회는 '교육은 사회 경쟁력과 복지의 중요한 근간'이라고 명시하고, 이를 이루기 위한 정책 가운데 하나로 평등을 내세우고 있다.

나의 관심은 핀란드의 경제 상황과 복지 제도로 옮아갔다.

"왜 한국 선생님들은 10년째 같은 것만 묻나요?"

핀란드 교육 역시 여러 과제를 안고 있다는 것을 깨달은 것처럼, 한국 교육을 취재하면서도 우리 교육 시스템이 제법 정교하게 돌아가고 있다는 것을 종종 느꼈다. 특히 사교육이 힘을 쓰지 못하는 곳일수록 공교육이 구석구석 작동하고 있다는 사실을 눈으로 확인할 수 있었다.

예를 들어, 이런 학교들이다. 부산 서구 아미초등학교는 가파르고 좁은 골목길을 사이에 두고 판잣집과 낡은 다세대 주택이 늘어선 동네에 자리 잡고 있다. 마을엔 이렇다 할 놀이터도, 흔한 보습 학원도 하나 없다. 이 동네는 한국전쟁 때 부산에 내려온 피난민들이 산중턱에 움막을 짓고 살면서 자연스럽게 형성된 동네다. 70년이 흘렀지만 지금도 이 동네는 변함이 없다. 전교생의 절반이 교육비 지원 대상 저소득층·한부모·다문화 가정이라고 했다.

전남 화순의 아산초등학교는 전교생이 39명뿐인 초미니 학교였다. 백아산 줄기에 둘러싸여 교통이 불편하고 화순 읍내에서도 40분 이상 들어가야 하는 곳이다. 역시 전교생의 70퍼센트가 교육비 지원 대상에 속했다. 1990년대 중반부터 농촌 인구가 급감하면서 근처 학교 다섯 곳이 통폐합됐다. 동남아시아 국가에서 온 어머니들은 한글을 몰라 자녀 알림장에 적힌 준비물도 챙겨 주지 못하는 경우가 많았다.

대도시 달동네, 시골 오지의 작은 학교들에는 예상치 못했던 활기가 있었다. '엎드려 자는 학생들이 태반', '학교에선 학원 숙제만 한다' 등 엉망이라고 비판을 받는 도시의 학교들과는 달랐다. 아이들은 대기업에서 지원해 준 태블릿 PC를 들고 다니며 학교에서든 집에서든 궁금한 것을 교사에게 질문했고, 교사는 언제든지 기꺼이 답했다. 거꾸로 수업이니 토론형 수업이니 하는 시도들도 이런 학교에선 자유롭게 이뤄졌다. 먼 대도시에 살고 있는 명사와 영상 통화로 수업을 하기도 했다.

학부모들은 선생님께 "우리 아이를 잘 돌봐 주셔서 감사합니다"라고 할 뿐, "공부나 가르치지 왜 쓸데없는 걸 하나요?"
라고 항의하지 않았다. 교장 선생님도 발 벗고 나서서 인근
지역 아동 센터, 도서관, 문화 센터 등의 방과 후 프로그램을
학교에 유치했다. 학교 수업이 끝나도 갈 곳 없는 아이들이
부모님의 퇴근 시간까지 알차게 시간을 보낼 수 있도록 하려
는 노력이었다.

공교육 말고는 의지할 데가 없기 때문에 오히려 학교가 살
아났다. 그만큼 학교가 자구책을 찾으려 노력했고, 교사들은
책임감을 가졌다. 자연히 아이들이 선생님을 따랐고, 학부모
들은 학교를 믿었다. 그러자 선순환이 일어났다. 학생들이
자신감을 얻었고 꿈을 되찾았다. 장래 희망이 의사라던 6학
년 친구는 "시골에서는 의사가 될 수 없다고 생각해 어디서
도 꿈을 얘기하지 못했어요. 이제는 공부 열심히 해서 꿈을
향해 도전할 거예요"라고 했다.

—— **핀란드 교육을 배우기 전에 할 일**

이처럼 한국 교육도 어려운 상황이 닥쳤을 때 스스로 해결해
나가는 자생력이 있다. 그렇지만 "외국은 이렇다더라"며 밖
에서 쉽게 해결책을 찾으려는 습관 역시 버리지 못하고 있

다. 교육가들 사이에서는 핀란드가 그 해답지로 인기가 높다. 지난 2002년 핀란드가 경제협력개발기구의 국제학업성취도평가에서 1등을 차지하면서 전 세계의 이목을 끈 이후, 15년 넘게 한국 연수단이 줄을 이어 방문하고 있다. 매년 20~30차례에 걸쳐 초·중등 교원, 교육부나 교육청의 교육 행정가, 국회와 지방 의회 의원 등 수백 명이 핀란드를 찾는다. 연수단이 한 번 다녀가는 데 수천만 원이 들고, 비용의 70퍼센트 이상을 교육청이 국민 세금으로 댄다. 문제는 이런 연수가 15년간 발전 없이 수박 겉핥기식으로 이뤄지고 있다는 것이다.

핀란드에 머무는 동안 어느 교육청 연수단의 통역을 맡아 뒤따라갈 기회가 있었다. 공예 수업을 하던 핀란드 헬싱키의 한 초등학교 교실에 A교육청 소속 연수단 20명이 찾아왔다. 한 초등 교사가 바퀴 달린 교실 의자를 가리키며 "남학생들이 장난치다 다치지 않나요?"라고 물었다. 또 다른 교사는 "이런 (공예) 수업은 성적을 어떻게 매기죠?"라고 질문했고, 초등 교사와 함께 방문한 특수 교사는 "장애 아동도 한 교실에서 같이 수업받나요?"라고 물었다.

쏟아지는 질문에 대답을 이어가던 핀란드 학교 교감은 "질문 주제가 너무 다양해서 한 가지를 충분히 이야기할 시간이

핀란드의 어느 초등학교. 초·중등 교원이 섞인 한국의 연수단이 이런 초등학교를 방문하면 중·고교 교사들은 뒷짐을 진 채 지루한 표정을 지었다. ©정경화

없네요"라고 말했다. '주제가 다양하다'고 에둘러 표현했지만, 중구난방이라 어디에 집중해야 할지 모르겠다는 말로 들렸다. 같은 연수단의 중·고교 교사들은 뒷짐을 진 채 그 광경을 지켜보았다. 초등학교 수업을 왜 참관해야 하는지 모르겠다는 듯 지루한 표정을 지었다. 반대로 고등학교 학생회 자치 활동을 참관할 때는 초등 교사들이 맨 뒷자리에 앉아 잠을 청했다.

한국 교사와의 간담회에 여러 차례 참석한 적이 있다는 어느 핀란드 교사는 "한국 선생님들은 매번 똑같은 걸 물어봐요. 한국에 돌아가면 연수 내용을 공유하고 토론하지 않는가 보죠?"라고 되물었다. 얼굴이 화끈거렸던 나는 집에 돌아와 구글링에 돌입했다. 지난 10여 년간 핀란드로 연수를 다녀간 교육청들의 보고서를 모조리 검색했다. 대부분이 7박 9일짜리 북유럽 3국 교육 연수였다. 보통 20~30명 정도로 구성된 연수단이 핀란드·덴마크·스웨덴 등 3개국을 한꺼번에 둘러봤다. 많게는 100여 명이 한꺼번에 올 때도 있었다. 연수 비용은 1인당 300~400만 원 수준. 앞뒤 하루씩은 비행기에서 보내고, 한 나라마다 머무는 시간은 이틀쯤 됐다. 하루는 문화 탐방 일정으로 왕궁, 성당, 박물관 등을 돌아보고, 나머지 하루는 학교 수업을 참관하는 식이었다. 연수 프로그램을 여행사가 짜도록 일임하는 경우도 있었다. 교육에 전문성이 없는 여행사가 교사 연수를 기획하고, 방문 학교나 기관을 섭외하는 것이다.

저녁에는 현지 교민이나 교육 공무원 간담회가 열렸다. 초·중등 교사, 교장·교감 등 관리자, 교육행정직 공무원이 섞여 있다 보니 관심 분야가 서로 달라 한 가지 주제로 깊이 있게 토론하는 것 자체가 사실상 불가능했다. "핀란드에서도 교사가 인기 있는 직업인가요?", "정말 숙제를 내주지 않나요?" 등 인터넷으로도 쉽게 답을 찾을 수 있는 질문이 대부분이었다. 거나한 술판으로 이어지지 않으면 다행이었다. "참 뜻 깊은 연수였다", "보람 있었다" 등 초등학생 일기 같은 보고서 표현을 읽고 있자니 얼굴이 화끈거렸다.

매년 고만고만한 연수단 방문이 잦아지자 최근 핀란드 수도권 일대 학교와 국가교육위원회 등은 대규모 교육 연수단에게 방문료를 받기 시작했다. 이름을 밝히지 말아달라고 요구한 핀란드 국가교육위원회 실무자는 "처음에는 핀란드 학교에서도 다른 나라에서 찾아오는 것 자체가 신기하기도 하고, 외국 교육가들과의 교류를 통해 배우는 게 있을 것으로 생각해 반겼어요"라고 말했다. 다시 말해, 여러 번 방문을 받아 봤더니 핀란드에 도움이 되는 것은 없고, 교육 활동에 방해만 된다는 의미였다. 3년 전부터 헬싱키 인근 베드타운인 에스포Espoo 시 학교들은 외국 연수단에 방문 비용 300유로를 받기로 일괄 결정했다. 최근 한국의 교육 연수단은 핀란드 국가교육위원회를 2시간 동안 방문해 설명을 듣는데 무려 1,400유로약 190만 원를 지불했다.

—— 일본 연수단의 사례

핀란드와 보다 밀접한 교류를 맺고 있는 일본 교사들도 핀란드 학교를 자주 방문한다. 연수 모습은 우리와 사뭇 다르다. 연수단 규모가 10명 안팎으로 작고, 핀란드에만 최소 일주일에서 길게는 한 달을 머무른다. 연수 주제도 수준 차이가 난다. '서술형 시험에서 공정한 평가는 어떻게 이뤄지나?', '중학생 대상 직업 교육 프로그램과 학부모·지역 사회의 협력' 등 구체적이고 전문적이다. 다쿠미 야다 이위배스퀼래Jyväskylä 교육대학원 박사과정생은 "철저한 예습을 마치고 방문할 교육 기관에 질문거리를 미리 보냅니다. 학교를 방문한 일본 교사들은 핀란드 교사들과 한 주제에 대해 집중적으로 토론합니다"라고 말했다.

핀란드 교육이 궁금해서 찾아가는 연수단이라면 최소한

연수 주제를 구체화하고 목적을 분명히 해야 한다. 무엇보다 한국 교육가들이 우리 교육의 장점과 단점부터 골고루 살피고, 잘하는 부분에 대해서는 긍지를 가졌으면 좋겠다. 핀란드에 와서 "한국은 사교육도 문제, 대학 교육도 문제, 영어 교육도 문제"라고 불만만 늘어놓아서는 얻어갈 게 별로 없다. 그러면 핀란드 선생님들은 "한국 학생들도 공부를 잘한다던데, 그렇게 엉망인가요?" 하고 의아해 할 뿐이다.

PART Ⅱ

노키아가 흔들려도
핀란드가 무너지지 않은 이유

66 핀란드 정부는 노키아 지분을 사들여 그들을 떠받치지 않을 겁니다. 이건 우리의 일이 아닙니다. 정부는 핀란드를 기업하기 좋은 나라로 만들기 위해 노력하고 있지만, 지분을 사들이는 방식은 우리가 갈 길이 아닙니다. **99**

1

유럽 최빈국에서 국민 소득 4만 달러 나라로

어느 여름날, 핀란드 중부 지방의 소도시 피엑새매키Pieksämäki
에서 하루를 보냈다. 마을의 초등학교에서 저녁을 먹게 됐
다. 크지 않은 1층짜리 학교 건물에 선생님들과 동네 사람들
이 모두 모였다. 이 학교 졸업생인 칼레 씨가 환영 인사를 건
넨 뒤 마을의 역사를 조곤조곤 들려주기 시작했다. 피엑새매
키는 인구 5만 명에 불과한 작은 도시이지만, 핀란드의 동서
와 남북을 잇는 철도가 만나는 교통의 요지다. 바로 이 점 때
문에 1939년 소련과의 '겨울전쟁' 때 엄청난 폭격을 당했다.
강당 왼쪽 벽에는 이 마을 출신으로 전쟁에 나갔다가 숨진
젊은이들의 이름이 새겨져 있었다. 칼레 씨의 말을 통역하던

스물다섯 살 핀란드 청년이 울먹였다. 그의 아버지도, 교장 선생님도 눈물을 글썽였다. 교과서에는 자세히 나오지 않는 '우리 동네 이야기'를 옆집 아저씨가 들려주고 젊은이들과 아이들은 귀담아 들었다.

── 핀란드인들이 식민 지배를 받아들인 방식

핀란드 공화국이라는 나라가 생긴 지 100년. 그 길지 않은 역사를 들여다봐야겠다는 생각이 들었다. 핀란드 국립 박물관을 찾았다.

핀란드 땅은 지금으로부터 1만 8000년 전까지 2킬로미터 두께의 얼음으로 뒤덮여 있었다. 차츰 기후가 따뜻해지면서 얼음이 녹았다. 사람들이 처음 핀란드 땅을 밟은 때는 약 1만 년 전. 당시 사람들은 에스토니아, 라트비아, 리투아니아 등 발틱 반도나 러시아 땅에서 왔을 것으로 추정된다. 동쪽에서 온 사람들이었다. 이어 서유럽 사람들이 노르웨이, 스웨덴 땅을 통해 북부 핀란드에 들어와 살기 시작했다. 석기 시대에 2,000~1만 명이 살았고, 그 수는 점점 늘었다. 기원전 5000년쯤 이 지역 연평균 기온은 영상 2도로, 지금의 핀란드보다 따뜻하고 쾌적했다. 철기 시대에는 인구가 5만 명까지 늘었다. 따뜻하다 보니 핀란드 땅의 많은 부분이 물에 잠겨 있었다. 사람들은 물로 다녔다.

다른 북유럽 사람들처럼 핀란드인들도 사후 세계를 믿었다. 사람이 죽으면 시체를 땅에 매장했는데, 무기와 보석을 무덤 안에 함께 묻었다. 죽은 자가 저승에서 살아갈 때 필요한 물건이라고 여긴 것이다. 신라의 고도, 경주의 여러 고분에서 옥이 주렁주렁 달린 금관이며 반지며 칼이 껴묻거리로 발견된 것과 마찬가지다. 금으로 만든 정교한 장신구들 모양이 8,000킬로미터 떨어진 한반도의 것과 크게 다르지 않았다. 엘크, 곰, 새의 모양을 본뜬 돌 조각도 보였다. '당시 핀란드에 살던 사람들'은 동물뿐 아니라 돌, 나무 등의 사물에도 모두 영혼이 있다고 믿었다. 돌은 풍요와 다산을 의미했고, 곰 이빨은 다산을 촉진한다고 생각했다. 곰 머리 모양 돌조각은 제사 의식에 썼다. 새는 신성을 가진 동물로 생각했다. 바이킹족의 신, 토르의 망치에 새가 조각돼 있었다. 영원을 상징하는 '∞' 모양도 장식품에서 종종 나타났다. 이들도 영원을 바라고, 신에게 풍요를 빌었다. 이 땅이나 저 땅이나, 지금이나 그때나 사람들은 참 달라지지 않는다.

'당시 핀란드에 살던 사람들'이라고 표현하는 이유는, 당시 이 지역에는 이렇다 할 국가가 세워지지 않은 상태였기 때문이다. 일찍부터 북유럽에 왕국을 건설한 이들은 스웨덴이었고, 핀란드는 미처 나라를 세우기 전인 13세기부터 600여 년간 스웨덴의 지배하에 놓였다. 그러니까 지금의 핀란드 땅은 스웨덴의 한 지역이었다. 스웨덴의 지배를 받던 시절을 둘러보고 전시실을 나오려는데 흥미로운 구절을 발견했다.

'스웨덴 지배 시절, 핀란드 사람들은 스웨덴에서 온 고위 공무원, 주교bishop, 군인 들을 싫어하면서도 스웨덴 왕은 존경했다. 이런 경향은 핀란드라는 국가가 탄생한 뒤에도 이어져서 정부에 대한 존중으로 나타났다.'

핀란드는 이어 러시아의 지배를 받았다. 제정 러시아가 스웨덴에 쳐들어와 핀란드 땅을 빼앗아 갔는데, 러시아 황제는 핀란드에 '자치 대공국Grand Duchy'으로서의 지위를 보장했다. 러시아의 차르가 핀란드 대공을 겸하고, 총독이 핀란드를 다스렸다. 핀란드 사람들은 108년간 러시아 지배를 받았지만 크게 반발하지 않았다. 오히려 당시 핀란드의 지배 계급은 러시아의 지배를 환영했다는 게 박물관의 설명이다.

반면 같은 시기 러시아의 지배를 받은 폴란드에서는 저항이 거셌다. 러시아는 폴란드를 강력한 군사력으로 억압한 반면, 말 잘 듣는 핀란드에는 통치의 자율성을 보장했다. 그때까지 써 오던 스웨덴 법률을 유지했고, 러시아 정교를 강요하는 대신 루터교 전통을 존중했다. 핀란드 땅에 도로를 깔고, 기초 교육 제도를 도입해 국민들을 가르쳤다. 한편으로는 핀란드 내 빈부 격차가 커지는 부작용이 있었지만, 핀란드인들은 전반적으로 러시아의 지배를 긍정했다. 1917년 12월 6일 러시아로부터 독립했을 때, 핀란드 신문에서는 겨우 5~6개의 칼럼 정도를 할애해 기사를 썼다. '핀란드인들은 독립 외에도 먹고살기 위해 신경 쓸 것이 많았기' 때문이다.

—— 러시아 의존 경제의 몰락

핀란드의 고단한 근현대사는 러시아로부터 독립한 뒤 본격화됐다. 소련과 '겨울전쟁', '계속전쟁'이라 불리는 두 번의 전쟁을 거치면서 핀란드 땅은 초토화됐다. 남자 60만 명, 여자 10만 명이 참전했다. 그중 8분의 1이 사망했고, 4분의 1이 큰 부상을 입어 평생 장애를 갖게 됐다. 남편을 잃은 미망인 3만 명, 고아 5만 명이 생겨났다. 전쟁 중에 부모를 잃었거나 가난으로 생이별을 하게 된 아이들은 스웨덴과 노르웨이, 덴마크 등으로 보내졌다. 어린이들은 목에 인적 사항이 적힌

1944년 러시아에 인접한 핀란드 도시 비푸리Viipuri에서 전쟁 고아가 된 아이들이 목에 이름표를 걸고 있다. 수만 명의 아이들이 스웨덴 등 인근 국가로 보내졌다.
©핀란드 군사 박물관

카드를 매달고 스웨덴으로 가는 배에 탔다. 열 살도 안 된 것 같은 아이가 동생 발에 털신을 신겨 주는 장면은 한국전쟁 당시 한반도에서도 일어났을 법한 모습이었다.

핀란드는 1944년 러시아와의 전쟁에서 패배하고 영토 일부를 떼어 줬을 뿐 아니라 어마어마한 전쟁 배상금을 물어야 했다. 하지만 미국이 유럽 각국에 제공한 '마셜 원조Marshall Plan'를 핀란드는 거부했다. 빚을 갚기 위해 또 미국에 빚을 지는 꼴이었기 때문이다. 핀란드인들은 스스로 배상금을 갚기 위해 이를 악물었다.

결과적으로 이같은 선택은 핀란드에 약이 됐다. 핀란드는 배상금을 현금 대신 생산 물자로 갚았는데, 그 과정에서 선박, 제지, 기계 등 핀란드의 핵심 산업이 기틀을 다졌다. 노키아도 이때 전봇대와 전선 케이블 등을 생산해 소련에 보냈다. 놀랍게도 핀란드는 겨우 8년 만인 1952년에 배상금을 모두 상환했다. 핀란드 생산재에 익숙해진 소련은 이제 그 물자를 제 돈 주고 수입해 가기 시작했다. 내수 시장이 작은 핀란드는 수출에 의존해 성장했다. '한강의 기적'과 견줄 만한 기적적인 성장이었다. 1980년대 핀란드 경제는 '카지노 거품'이라고 불릴 정도로 급격한 확장세를 보였다. 사람들은 소비를 늘렸다. 대출이 쉽다 보니 다들 집을 사고, 또 하나 더

샀다. 그래도 집값은 계속 올랐다.

거품은 꺼지게 마련이다. 경기 후퇴를 피할 수 없었다. 1991년 소련이 붕괴했고, 갑작스레 수출길이 막혔다. 대對 소련 무역 의존도가 지나치게 높았던 핀란드 경제도 무너졌다. 당시 핀란드는 국내 총생산GDP의 약 20퍼센트를 소련 수출로 만들어냈다. 1993년이 최악이었다. 회사들이 은행에서 빌린 돈을 갚지 못해 망했다. 은행은 부도가 났고, 사람들은 일자리를 잃었다.

핀란드는 당시 전 세계에서 외자 부채가 가장 많은 나라 중 하나였다. 4년 뒤인 1997년 한국이 국제통화기금IMF 구제 금융을 신청할 때의 상황과 다를 게 없었다. 1993년에는 '금 모으기 운동'도 했다. 핀란드 국민들은 금붙이를 내놓고 철 반지를 받아 갔다. 전시관을 둘러보는 동안 자꾸만 기시감이 들었다. 천연자원이 부족하고 키울 것이라고는 사람뿐인 작은 나라는 엇비슷한 우여곡절을 겪어야만 하는 것일까?

1993년 헬싱키 풍경은 살벌했다. 내가 살던 동네 칼리오에는 '브레드 라인bread line'이 수십 미터씩 늘어섰다. 실업자들이 정부가 주는 빵을 받기 위해 선 줄이었다. 실제 실업자인지, 경제적으로 얼마나 어려운지를 증명할 필요는 없었

지난 55년간 핀란드 국내 총생산 연도별 추이

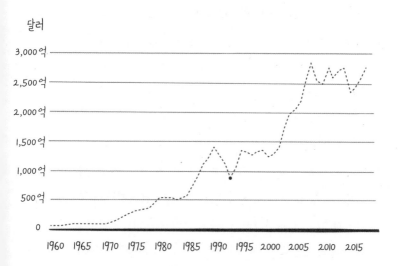

1960년	52.24억 달러		1993년	892.14억 달러
1970년	113.58억 달러		2000년	1257.07억 달러
1980년	536.45억 달러		2008년	2845.54억 달러
1990년	1414.38억 달러		2018년	2767.43억 달러

출처: 세계은행 / 2020년 현재 미국 달러 가치 기준

다. 그 줄에 서는 '굴욕'을 감당할 정도로 가난하다는 뜻이기 때문이다. 영국 출신의 핀란드 전문가인 리처드 D. 루이스Richard D. Louis는 핀란드인들이 "체면을 잃는 것을 못 견뎌 한다"고 말한다. 그러니까 길거리에 줄을 서서 빵을 배급받는다는 것은, 그토록 중요하게 여기는 '체면'을 희생할 만큼 배가 고프다는 뜻이었다.

1993년 한 해 동안 7,400개 기업이 도산했고, 50만 명이 해고됐다. 좌절이 깊었다. 경제가 회복된 뒤에도 다시 취직하지 못하는 장기 실업 문제가 이때 생겨났다. 자살률이 두 배로 치솟았다. 거품이 꼈던 부동산은 팔리지 않았고, 그러니 가격이 더 내려갔고, 그래도 팔리지 않았다. '임대 문의'라고 써 붙인 빈 사무실이 넘쳤다. 지금은 핀란드 여행 묘미 중 하나로 꼽히는 '플리 마켓'이 이때 활성화됐다. 집에 있는 뭐라도 내다 팔아야 생필품을 살 수 있었기 때문이다. 이 즈음 술집에는 토플리스, 즉 상의를 벗은 웨이트리스가 나타났다. 경제가 무너지자 사람들의 '멘탈'도 같이 붕괴됐다. '옷 벗을 웨이트리스'를 찾는다는 구인 광고가 버젓이 나붙었다. '웨이트리스가 옷을 자발적으로 벗는 것을 제재해야 할지'를 국회에서 논의했을 정도다.

—— 노키아는 갑자기 나타나지 않았다

핀란드 정부는 위기를 극복하기 위해 허리띠를 졸라맸다. 우선 정부는 비대한 복지 지출을 줄였고, 기업은 구조조정을 단행했다. 핀란드는 유럽 연합EU에 가입해 시장을 적극 개방했고, 아낀 예산은 정보 기술 분야의 연구 개발에 투자해 지식 기반 산업의 초석을 닦았다. 핀란드 국민들은 위기를 극복할 방법으로 교육의 힘을 믿었다. 초·중·고교에서는 창의성과 자율성을 강조하는 개혁이 이뤄졌고, 대학은 정부나 기업의 지원을 토대로 미래를 이끌 기술 연구에 몰두했다. 이후로는 익히 유명해진 핀란드의 모습이다. 고무 회사에 불과했던 노키아가 세계 핸드폰 시장을 호령하는 첨단 기술 기업으로 변모했고, 이를 기반으로 1990년대 말부터 2000년대 중반까지 승승장구했다.

노키아는 혜성처럼 등장하지 않았다. 핀란드는 독립 이후 100년에 걸쳐 인재를 키우고, 기술력을 쌓고, 경제 규모를 차곡차곡 늘려왔다. 축적의 시간을 버텨 온 것이다. 핀란드 사람들은 고난이 닥쳤을 때도 냉정을 유지했다.

2

노키아를 읽으면 핀란드식 경제가 보인다

2009년 헬싱키 공항에 첫발을 내딛었을 때, 핀란드는 아직 노키아의 나라였다. 스타벅스라고는 나라 전체를 통틀어 공항에 딱 하나 있었지만, 노키아 간판과 광고는 고개만 돌리면 눈에 띄었다. 당시 내가 교환 학생 신분으로 머문, 인구 8만 명의 작은 도시 이위배스퀼래Jyväskylä에도 노키아 매장이 세 곳이나 있었다. 심지어 편의점에서도 노키아 휴대폰을 팔았다. 안 그래도 자국 제품을 사랑하는 '신토불이' 핀란드 친구들은 노키아 얘기만 나오면 "핀란드 기업이 세계를 제패했어"라며 자랑스러워했다. "길 가는 사람 중 노키아 폰을 들고 있지 않은 사람은 핀란드인이 아니다"라는 우스갯소리까지 했다. 나도 서울에서 쓰던 삼성 휴대폰을 책상 서랍에 고이 모셔 두고, 편의점에 가서 오렌지색 휴대폰을 골랐다. 저가 전략으로 세계 휴대폰 시장을 장악한 노키아답게 가격은 100유로도 안 됐다. 당시 잘나가던 미국산 핸드폰 브랜드 모토로라와 우리의 삼성 핸드폰은 가게 한 구석에 처박혀 있었다. '노키아 왕국'은 평화로웠다.

이제 와 생각해 보면, 태풍이 들이닥치기 직전의 고요한 밤이었다. 곧, 애플의 아이폰이 유럽 시장을 휩쓸고 지나갈 터였다. 이후 불과 3년 만에 노키아는 애플과 삼성에 밀려났다. 노키아 폰은 시장에서 종적을 감췄다. 2018년에도 '바나나폰'이라는 걸 새로 내놨는데, 관심을 보이는 이가 거의 없었다.

그럼에도 핀란드는 여전히 노키아의 나라다. 지금도 사람들은 '핀란드' 하면 노키아를 떠올리고 묻는다. 다만 초점이 '노키아의 성공 비결'에서 '노키아가 망한 까닭'과 '노키아 이후 핀란드'로 옮겨 갔을 뿐이다.

—— 꽃길만 걷던 노키아

노키아는 지난 100년간 핀란드 경제의 흥망성쇠를 함께해 온 유서 깊은 기업이다. 시작은 제지업이었다. 1865년 광산 엔지니어 프레드릭 이데스탐Fredrik Idestam이 핀란드 서남부 노키안비르타Nokianvirta 강 인근에 펄프 공장을 지었다. 노키아라는 사명을 이 강 이름에서 따왔다. 추운 핀란드 땅에서 곧게 자란 나무들 덕분에 제지업은 당시 척박했던 핀란드 경제를 떠받치는 역할을 했다. 노키아는 1967년 핀란드 고무 회사, 핀란드 전선 회사와 잇따라 합병하며 사세를 키웠다. 지금도 핀란드에서는 겨울이 되면 눈을 치우는 아저씨들이 고무장화를 신은 모습을 볼 수 있는데, 노키아현재 사명은 '노키안'에서 만든 장화가 제일 인기가 좋다. '노키아 그룹'은 1970년대 20여 개 제조업 계열사를 가진 핀란드 최대 재벌로 성장했다. 하지만 앞서 살펴본 것처럼 1990년 소련이 붕괴하면서 핀란드 경제가 휘청거렸고, 노키아의 매출도 급감했다. 경영 위기로 최고 경영자CEO가 자살하는 사태까지 겪었다.

노키아는 과감한 변신을 택했다. 1992년 새 CEO로 취임한 요르마 올릴라Jorma Ollila는 그때까지 노키아 그룹의 주력 사업이었던 제지, 펄프, 고무, 타이어 부문을 매각했다. 물론 내부에서 반대의 목소리가 있었다. 도박이나 다름없는 결정이라는 목소리가 나왔다. 하지만 올릴라는 '통신'에 미래가

노키아 본사. ©Gettyimages

있다고 보고, 무선 통신 기술 개발에 회사의 역량을 모두 쏟
아부었다. 결과적으로 노키아는 세계 최고의 정보 통신 기업
으로 올라섰고, 나라 전체의 경쟁력까지 단숨에 끌어올리는
신화를 썼다. '2003 다보스 포럼 세계경제포럼'은 국가 경쟁력
순위 발표에서 핀란드를 세계 1위에 올리고 "산타클로스와
호수의 나라로만 생각됐던 핀란드가 정보 통신의 신세계로
바뀐 것은 노키아 때문"이라고 했다.

올릴라는 '가상 기업 Virtual Corporation'이라는 새로운 개념
의 사업 형태를 구상해 실천에 옮겼다. 휴대폰 설계를 비롯

해 칩과 부품 생산, 유통, 판매까지 모두 외부 전문 업체에 아웃소싱을 주고, 노키아는 이들 각 부문을 통제하고 조합하는 역할을 했다. 휴대폰 시장에 뛰어들긴 해야겠는데, 아무런 생산 설비와 기술을 갖고 있지 못했던 노키아가 내릴 수 있는 최선의 결정이었다. 이미 다른 글로벌 기업들이 투자를 마치고 휴대폰 시장 선점을 위해 각축전을 벌이던 때였다. 노키아가 직접 생산 설비를 갖추는 것보다, 전 세계에 널린 설계 회사, 생산 공장, 판매 조직을 활용하는 게 효율적이었다. 수백 개 협력 업체가 컴퓨터 통신망으로 서로 연결됐고, 노키아 본사는 군살 없는 조직을 유지했다. 노키아는 부품을 어느 공장에서 얼마나 공급받아, 휴대폰을 몇 대 생산하고, 가격은 얼마로 책정할지 결정하는 역할만 했다.

휴대 전화가 대중화되면서 값싸고 내구성 좋기로 소문난 노키아 폰은 전 세계로 날개 돋친 듯 팔려 나갔다. 1998년 노키아는 모토로라를 제치고 세계 1위 휴대 전화 제조업체 자리에 올랐고, 이후 14년을 군림했다. 선택과 집중, 유연한 조직 문화, 현장 중심의 스피드 경영이 노키아의 성공 비결로 회자됐다. 핀란드 청년들은 '노키아 직원'을 꿈꿨다.

핀란드 경제가 노키아에 지나치게 의존하게 된 것은 어쩌면 자연스러운 일이었다. 핀란드 경제 연구 기관 ETLA에 따르면, 1998년부터 2007년까지 10년간 핀란드 경제 성장의 4분의 1을 노키아가 도맡았다. 같은 기간 노키아의 수출이 핀란드 수출의 20퍼센트를 차지했다. 휴대 전화 연구 개발에 들인 돈이 핀란드 전 산업이 쓴 연구개발비의 30퍼센트에 달했다. 핀란드 정부가 거둬들인 법인세의 23퍼센트를 노키아가 냈다.

—— 단일 기업 경제의 한계

노키아 사세가 정점을 찍었던 2007년 6월, 애플이 '아이폰'이라는 듣도 보도 못한 제품을 들고 나왔다. 노키아는 글로벌 휴대폰 시장의 40퍼센트를 장악하고 있었고, 그 사실에 취해 있었다. 스마트폰은 다양한 애플리케이션, 콘텐츠, 네트워크 서비스, 전자 상거래 등 기존의 휴대 전화 기능을 뛰어넘는 혁신적인 가치를 창출했다. 소비자들이 아이폰에 반응하자, 하드웨어를 만드는 삼성은 애플의 뒤를 바짝 쫓아 갤럭시 시리즈를 만들었고, 소프트웨어를 만드는 구글은 안드로이드를 내놨다.

하지만 올리페카 칼라스부오Olli-Pekka Kallasvuo 당시 노키아 CEO는 "우리가 만드는 것이 오직 시장의 표준입니다"라고 말했다. 자만심에 빠져 스마트폰의 가치를 평가절하한 것이다. 노키아 내부의 개발자들이 "아이폰 같은 스마트폰 개발에 빨리 착수해야 한다"고 건의했지만 경영진이 무시했다는 증언이 한참 뒤에 터져 나왔다. 노키아는 스마트폰 대신 기존 피처폰을 어떻게 하면 더 싸게 만들 수 있을까에 골몰했다. 인도와 중국, 아프리카 같은 값싼 휴대폰 시장에 매달리다 미국과 유럽 시장을 놓쳤다. 게다가 조직은 비대해졌고, 의사 결정에 시간이 오래 걸렸다. 작고 역동적이었던 노키아의 최대 장점을 잃어버린 것이다. 몰락의 시작이었다.

아이폰이 돌풍을 일으키자 노키아도 뒤늦게 자체 스마트폰을 만들고 마이크로소프트와 제휴했다. 하지만 버스는 떠나고 없었다. 노키아의 세계 휴대폰 시장 점유율은 2011년 20퍼센트대, 2012년 8퍼센트대로 주저앉았다. 15년 만에 적자를 냈고, 전 직원의 5분의 1에 달하는 1만 명을 내보내야 했다. 2012년 무디스, 피치, 스탠더드앤드푸어스S&P 등 세계적인 신용 평가 업체들이 노키아의 신용 등급을 줄줄이 '투자 부적격' 수준으로 강등했다. 노키아의 시가 총액은 전성기 때의 10분의 1로 쪼그라들었고, 결국 2013년 휴대 전화 사업부를 마이크로소프트에 매각했다. 사람들은 이를 두고 "노키아가 망했다"고 했다.

노키아 의존도가 높았던 핀란드 경제는 위기에 봉착했다. 1997~2007년 사이 연평균 4퍼센트씩 성장했던 핀란드 경제는 2012~2014년 3년 연속 마이너스 성장을 했다. 이를 두고 영국의 〈이코노미스트〉는 "핀란드가 단일 기업 경제 One Firm Economy의 한계에 부딪혔다"고 지적했다. 영국 글래스고조선업, 미국 디트로이트자동차처럼 한 지역 경제를 좌우하는 대규모 산업이 타격을 입었을 때 신속하게 대안을 찾아내지 못하면 몰락으로 직결된다는 것이다.

—— 노키아를 얼음처럼 차갑게 대한 핀란드인

노키아의 100년을 되짚다 보니 핀란드에 대해 몰랐던 사실 세 가지를 발견했다.

첫 번째는 핀란드를 북유럽 강소국으로 키운 것이 대기업 집단이었다는 사실 핀란드 국민 소득이 1인당 4만 달러를 넘긴 때가 노키아 왕국이 건재했던 2006년이다이고, 둘째는 언제나 창의와 혁신이 샘솟아 성공만 하는 나라는 아니었다는 점이다. 노키아는 20세기 말에 전 세계적인 성공을 거뒀지만, 이는 곧 자만심으로 이어졌고, 핀란드 경제는 제법 혹독한 대가를 치러야 했다. 마치 핀란드는 처음부터 부유하고 행복한 나라였을 것 같은 환상이 내 눈을 가리고 있었던 것인지도 모른다.

마지막으로 세 번째 사실. 노키아가 망했을 때, 즉 노키아가 휴대 전화 사업을 팔아치웠을 때, 핀란드 정부의 대처가 가장 뜻밖이었다.

2007년 기준으로 핀란드 경제에서의 노키아의 비중은 현재 한국 경제에서 삼성전자가 차지하는 비중만큼이라고 보면 된다. 2018년 한국 정부가 거둬들인 법인세 70조 9,000억 원 가운데 23퍼센트인 16조 8,000억 원을 삼성전자가 냈다. 한국 수출의 20퍼센트가 삼성전자 반도체 부문에서 나온다. 이런 삼성전자가 반도체 사업을 접고 다른 나라에 팔겠다고 하면, 한국에서는 무슨 일이 벌어질까? 물론 삼성은 지금 전 세계 반도체 산업을 선도하는 기업이지만, 반도체 업황이 부진할 것이라는 글로벌 투자 은행의 보고서 하나만 나와도 우리 주식 시장 전체가 휘청거리는 것을 보면 불안한 게 사실이다.

멀리 갈 것도 없다. 몇 년 전 국내 조선업 구조 조정을 떠올려 보자. 국책 은행인 산업은행은 3년 연속 적자를 낸 대우조선해양의 부실 채권을 떠안았다. 그간 한국 경제를 떠받쳐 온 기둥 가운데 하나인 대형 조선사를 망하도록 내버려 둘 수 없었기 때문이다. 산업은행은 외환 위기를 수습하던

1999년에도 파산한 대우그룹 대신 천문학적인 공적 자금을 들여 대우조선해양을 구제했다. 대우조선해양보다 훨씬 덩치가 큰 삼성전자가 무너질 위기에 처하면, 역시 정부가 나서서 국민 세금을 들여 삼성전자를 '한국 기업'으로 지키려 하지 않을까?

하지만 노키아가 스마트폰 전쟁에서 나가떨어졌을 때, 핀란드 정부의 대응은 달랐다. 2012년 위르키 카타이넨Jyrki Katainen 당시 핀란드 총리는 노키아 공장이 있던 살로Salo라는 도시에 찾아갔다. 인력 구조 조정에 나선 노키아가 공장 문을 닫기로 결정했을 때였다. 카타이넨 총리는 "핀란드 정부는 노키아 지분을 사들여 그들을 '떠받치지 않을 겁니다won't prop up'"라고 말했다. 그리고 덧붙인 한마디. "이건 우리 일이 아닙니다This is not our business. 정부는 핀란드를 기업하기 좋은 나라로 만들기 위해 노력하고 있지만, 지분을 사들이는 방식은 우리가 갈 길이 아닙니다." 노키아가 잘나갈 때 그토록 자랑스러워했던 것치고는 너무 냉정한 것 아닌가?

개인들도 마찬가지 반응을 보였다. 노키아에서 일했던 엠마 오이비오 씨는 핀란드 정부가 왜 노키아를 사들이지 않았느냐는 질문에 이렇게 말했다. "구제할 필요가 없었기 때문이에요. 이미 스마트폰 시장에서 경쟁력을 잃었는데 정부 자금을 투입해 봤자 살려낼 수 없었을 테니까요." 해도 안 되는 건 빨리 포기하는 게 낫다는 것일까?

—— 정리 해고된 노키아 인력에게 창업 유도

핀란드 정부는 이번에도 핀란드의 길을 찾아냈다. 국민 기업 노키아를 회생시키려는 시도 대신, 실업자들에게 실업 급여를 주고 스타트업을 할 수 있도록 돈을 쓰기로 결정했다. 노키아도 '노키아 브릿지 프로그램'이라는 걸 만들어 퇴직자들이 모여 창업할 수 있도록 교육하고 지원금을 줬다. 괜찮은 스타트업 아이디어를 가진 이들에게 1인당 2만 유로약 2,600만 원씩 지원했다. 4명이 모여 사업체를 꾸리면 10만 유로약 1억 3,000만 원를 제공했다. 해고 인력이라도 회사 밖 사회에 잘 정착할 수 있도록 '다리 역할'을 해 준 것이다.

노키아에서 10년 넘게 근무한 엔지니어 타트 룬드 씨는 2012년 말 구조 조정 대상이 돼 회사를 나왔다. 해고 전까지 월 5,000유로약 650만 원를 받던 그는 이후 약 2년100주간 정부로부터 매달 3,000유로약 390만 원씩 실업 수당을 받았다. 노키아 브릿지 프로그램에 참여해 창업 지원금 2만 5,000유로를 받아 작은 사업도 시도해 보고, 대학에서 1년짜리 경영학 석사 과정도 무료로 이수했다. 룬드 씨는 2015년 중소 IT 기업 기술 관리직으로 재취업하는데 성공했다. 그는 "벌이가 노키아에서 일하던 때와 비슷해졌어요. 같이 퇴직했던 엔지니어 동료들 중 상당수가 IT 기업을 새로 차려 자리를 잡았습니다"라고 했다. 핀란드 정부도 "노키아의 우수 인력들이 핀란드 경제 전반에 재배치됐다"고 자평했다. 노키아의 실패는 21세기 들어 승승장구하던 핀란드 경제에 적잖은 충격을 안겼지만, 동시에 활력을 불어넣은 계기도 된 것이다. 핀란드 젊은이들은 이제 '노키아 직원' 대신 창업가를 꿈꾼다.

그럼 노키아는 어떻게 됐을까? 노키아가 몰락한 것은 대대적으로 보도가 됐지만, 이후 상황은 일반인들에게 잘 알려져 있지 않다. 한마디로 노키아는 부활했다. 휴대 전화 사업을 매각하고 호된 구조 조정을 거치면서 다시 몸집이 가벼워지자 이후 통신 네트워크 사업에 몰두했다. 스마트폰 등 무선 기기를 인터넷과 연결해 주는 무선 네트워크 장비 기지국 생산에 집중한 것이다. 선택과 집중을 중요시했던 노키아로 되돌아간 것이다. 지금은 4차 산업 혁명의 핵심 분야 중 하나인 5세대 이동 통신 사업에서 중국 화웨이에 대적하는 경쟁자가 됐다. 세계이동통신사업자협회의 팀 해트 연구소장은 "노키아가 스마트폰 시대가 이어진 지난 15년 간 크게 잃었던 리더십을 5G에서 회복하고 있습니다"라고 평가했다. 한국의 LG유플러스도 5G를 도입하면서 노키아 장비를 채택했다. 소비자에게 직접 휴대 전화를 팔았던 B2C 회사에서, 통신사를 상대하는 B2B 회사로 변모한 셈이다.

3

핀란드가 내놓은 해결책, '스타트업 경제'

'병원 아님 NOT A HOSPITAL'

핀란드 헬싱키 시내에 자리 잡고 있는 어느 허름한 건물. 입구에 이렇게 쓰인 작은 간판이 달려 있었다. 핀란드 중소기업지원청 TEKES에서 헬싱키의 혁신적인 스타트업 생태계를 보여 주겠다며 데려온 곳이었다. 건물이 아주 낡아서 어쩐지 '여기서 뭘 한다고?' 하는 미심쩍은 마음이 들었다. 어두컴컴한 복도를 지나 환자 이송용 침대가 들어가는 널찍한 엘리베이터를 타고 3층으로 올라갔다. '수술실'이라고 쓰인 방문을 열자, 헐렁한 티셔츠와 청바지 차림의 젊은 창업자들이 수술 조명 아래서 회의를 하고 있었다. 자신들이 개발한 스마트폰 애플리케이션을 최종 점검하는 중이라고 했다.

푸른색 수술 조명은 콘셉트가 아니라 진짜였다. 130년이나 된 시립 병원을 개조해 스타트업 하우스 '마리아 0-1'로 재탄생시킨 것이었다. '마리아'는 기존에 이 건물을 사용하던 병원의 이름이고, '0-1'은 무無에서 유有를 창조해낸다는 의미로서 스타트업을 상징했다. 헬싱키 기반의 신생 벤처 기업 100여 곳이 '마리아 0-1'에 둥지를 틀고 있었다. 이 건물의 소유주는 헬싱키 시市.

'마리아 0-1 프로젝트'를 추진한 산투 본브룬 헬싱키 경제발전과장을 만났다. 병원이 몇 년 전 신축 건물로 옮겨 가면서 9,600제곱미터 약 2,900평 규모 건물이 비었고, 헬싱키 시는 폐건물을 활용할 방안을 찾다가, 유망한 스타트업들을 육성하는 센터로 만들면 좋겠다는 아이디어를 채택했다고 했다. 곧 리모델링 공사에 착수했다. 비용을 줄이기 위해 병원 건물의 뼈대는 그대로 두고 병실과 수술실을 스타트업 사무실과 회의실로 활용하기로 했다. 냉난방 시설은 물론이고 창문과 전등, 벽걸이 시계까지 이미 있던 것을 그대로 사용했다. 대신 널찍한 복도에 사업 설명회를 열 수 있도록 작은 무대를 만들었고, 지하에는 네트워크 설비와 서버용 컴퓨터를 들여놓았다. 외장보다는 기능에 충실한 개조였다. "전체 공사비로 겨우 9만 유로약 1억 원 남짓 들었어요. 시청 예산의 극히 일부죠. 그만한 돈으로 처치 곤란했던 폐건물에 생기를 불어넣고, 헬싱키 경제의 동력이 될 스타트업을 지원하게 됐으니 일석이조입니다."

건물은 낡았지만 '마리아 0-1'에 들어오려는 스타트업들의 경쟁은 아주 치열하다. 입주 경쟁률이 5 대 1을 넘는다. 창업가들끼리 모여 정보를 공유하고 투자자들을 쉽게 만날 수 있는데다가 임대료도 저렴하기 때문이다. 한 달 이용료가 1인당 50유로약 6만 원다. 직원이 10명이면 월 500유로에 사무실과 회의실, 식당을 무제한 이용할 수 있다. 요즘 한국을 비롯해 전 세계적으로 인기를 끄는 공유 사무실 위워크WeWork의 월 사용료는 1인당 37만 원이다. 그것도 공용 데스크를 사용하는 조건이다.

아이디어 하나만으로 사업을 시작하는 청년들에게, 제품을 만들어 팔기도 전에 매달 들어가는 비용을 아끼는 것은 매우 중요한 일이다. 노래방 애플리케이션을 개발한 스타트업 '싱아'의 아테 후야넨 대표는 "병원이라서 그런지 밤이 되면 으스스한 기분이 들긴 하지만, 우리 같은 스타트업은 멋지고 비싼 새 사무실보다는 젊고 활기찬 창업가들의 공동체가 필요합니다"라고 했다. 입주 기업은 비영리재단 '스타트업 사티오Startup Satio'에서 선정한다. 시 관계자와 대학 교수, 벤처 전문가들이 스타트업의 사업 계획서와 프레젠테이션 심사 등을 거쳐 성장 가능성이 엿보이는 회사를 뽑는다. 이미 선정된 기업들의 면면을 살펴 보니 게임, 가상 현실, 클린테크환경 기술, 바이오, 음악 등 다양한 분야에 걸쳐 있다.

벤처 투자자들은 시시때때로 '마리아 0-1'을 찾는다. 레악토르벤처스 등 핀란드의 벤처 투자 회사 다섯 곳이 2억 유로 넘는 자금을 이곳 입주 기업에 투자하고 있다. 슈퍼히어로캐피털이라는 투자사는 아예 '마리아 0-1' 안에 사무실을 차렸다. 유하 루오호넨 대표는 "스타트업 창업자들과 일상을 공유하고 대화를 자주 나누다 보면 투자 기회나 아이디어를 얻게 돼요"라고 말했다. 투자자들이 오면 창업가들은 복도 무대에 올라 자신이 만든 제품이나 서비스, 사업 구상을 설명pitching한다.

투자자뿐만 아니라 다른 입주자들도 프레젠테이션을 함께 듣고 조언을 아끼지 않는다. 입주 기업들이 서로에게 테스트 베드test bed가 돼 주기도 한다. 서른두 살의 마리아 순드스트롬 씨는 스케줄 관리 앱을 만들어 창업했는데, 다른 창업가들의 조언을 바탕으로 자신의 앱에 음성 인식 기능을 추가했다. "다른 스타트업을 운영하는 친구들이 내가 만든 앱을 이용해 본 뒤 의견을 기탄없이 말해 준다는 점이 스타트업끼리 모여 있는 가장 큰 장점이에요."

—— 핀란드의 스타트업 지원 방식

2016년 말, 테케스에서 유카 하리넨 국장을 만났는데, 그는 시종일관 자신감이 넘쳤다. 특히 이 이야기를 할 때 그랬다. "10년 전 핀란드 대학생 100명 중 5명 만이 창업을 하고 싶다고 했어요. 지금은 창업을 절대 하지 않겠다는 학생이 100명 중 5명으로 완전히 뒤집혔습니다."

그는 핀란드 청년들이 대기업에 취업하는 대신 창업에 관심을 가지기 시작한 때가 2010년대 들어서라고 했다. 그전에는 한국처럼 대기업에 들어가거나 공무원이 되겠다는 청년이 절반 이상이었다. 하지만 상황이 변했다. 노키아의 구조 조정과 유럽 재정 위기가 겹치면서 대기업이 사람을 뽑지 않기 시작했다. 노키아뿐만 아니라 통신 기업 소네라Sonera, 목재 회사 UPM, 철강 기업 오우토쿰푸Outokumpu 등 핀란드 각 분야의 대표 기업들이 인력을 감축했다. 1994년 이후 감소 추세를 보였던 핀란드 실업률은 2008년 6퍼센트에서

2015년 9.4퍼센트까지 반등했다. 2018년 기준 전체 실업률은 7.4퍼센트로 다소 줄었지만, 15~24세 청년 실업률은 16.8퍼센트로 유럽 연합 평균인 15.2퍼센트를 웃돈다.

나라의 자부심이었던 기업이 도산하고 은행의 돈줄이 마르는 위기에 봉착했을 때, 정부는 어떤 구제책을 동원할까? 20세기 말 한국은 국제통화기금에 구제 금융을 신청하고 천문학적인 돈을 풀어 기업을 되살리는 방법을 택했다. 2008년 금융 위기 때 미국 정부도 미국의 대형 은행들에게 그렇게 했다. 많은 나라들이 그렇게 한다.

하지만 핀란드는 다른 길로 갔다. 앞서 설명했듯이, 핀란드라는 나라를 전 세계 투자자들에게 선명하게 각인시킨 '노키아'에 심폐소생술을 실시하지 않았다. 이미 무너진 산업을 회생시키는 데 정부 자금을 쏟아붓는 대신 혁신적 아이디어를 내놓는 스타트업에 대한 투자를 본격화했다. 작은 나라가 세계 시장을 공략하기 위해서는 뛰어난 기술과 아이디어를 갖고 있고 기동력이 좋은 스타트업을 지원하는 것만큼 효율적인 방안이 없다고 봤기 때문이다. 기술 기반 스타트업을 지원하는 정부 예산은 2005년 400만 유로에서 2015년 1억 4,000만 유로로 급증했다. 당시 '노키아의 침몰은 핀란드 IT 업계에 가장 좋은 일'이라는 기사가 나올 정도였다. 노키아

에서 해고당한 엔지니어들이 자기 실력을 살려 창업하겠다
고 하면, 그냥 아무 일도 하지 않는 실업자에 비해 세 배에 가
까운 돈을 지원했다. 노키아 운영 체제 개발 팀이 나와 스마
트폰 제조업체 욜라Jolla를 설립하는 등 노키아를 떠난 인력
이 주축이 돼 시작한 벤처 기업이 400곳에 이른다.

현재 핀란드에서 창업하겠다고 하면 제일 기본적으로 받
을 수 있는 돈은 고용부가 제공하는 '핀란드 스타트업 보조
금Finnish Startup Grant'이다. 12개월간 하루 32.4유로씩 지원받
을 수 있다. 이건 사업에 대한 투자 개념이 아니라 사업을 갓
시작한 창업가들이 최소한의 생활을 영위할 수 있도록 지원
하는 것이다.

핀란드 정부는 스타트업에 직접 투자하기도 하지만 대기
업이나 벤처 투자 회사, 외국인 투자자를 스타트업에 연결해
주는 게 더 중요한 일이라고 보고 있다. 스타트업에 기본적
인 작업 공간과 회계, 특허, 계약 등 사업 관련 교육을 제공하
는 인큐베이터 프로그램, 사업이 구체화되면 '가속' 페달을
밟을 수 있도록 자본을 공급하는 액셀러레이터 프로그램 등
다양한 지원을 한다. 대부분 대기업과 벤처 투자자들이 돈을
대는 구조다.

다만 정부는 리스크가 커서 민간 벤처 캐피털이 손대지 않

는 혁신 프로젝트를 골라 통 크게 지원한다. 단기적인 투자금 회수가 아니라 다양한 산업 생태계 조성을 목표로 하는 투자다. 테케스와 핀프로 수출·투자·관광진흥청가 합병해 출범한 '비즈니스 핀란드Business Finland'로부터 '젊고 혁신적인 회사Young Innovative Company'로 선정되면, 보조금으로 최대 50만 유로를 받고, 이후 75만 유로까지 대출을 받을 수 있다.

핀란드 정부가 노키아 대신 스타트업 생태계를 키워야겠다고 마음먹은 것은 백문이 불여일견, 성공 사례를 두 눈으로 봤기 때문이다. 2010년대 페이스북, 트위터 등 미국의 스타트업들이 번창하면서 마크 저커버그 같은 젊은이들이 막대한 부를 거머쥐는 모습을 핀란드 사람들도 목격했다. 이즈음 로비오Rovio와 슈퍼셀Supercell 등 핀란드의 신생 게임 회사들이 전 세계적인 히트를 치면서 단숨에 '유니콘 기업 기업 가치 10억 달러 이상의 스타트업'으로 뛰어올랐다. 2012년 슈퍼셀이 내놓은 '클래시 오브 클랜Clash of Clans'은 단일 게임으로 3조 원에 달하는 매출을 기록했고, 이듬해 〈포브스〉에 '역사상 가장 빨리 성장하는 게임 회사'라는 제목으로 소개됐다. 노키아라는 큰 배 밑바닥에 구멍이 뚫려 서서히 물이 차오를 때, 이 작은 회사들은 배에 돛 단 듯 순항했다. 핀란드 정부는 '노키아가 아니어도 해 볼 만하겠다'고 생각하게 됐고, 핀란드 젊은이들 사이에서도 기업가 정신이 샘솟았다.

핀란드의 성공한 스타트업은 또다시 유망한 스타트업을 발굴해 투자하는 '엔젤 투자자'로 변모했다. 슈퍼셀 창업자 일카 파나넨 대표는 '라이프라인'이라는 벤처 투자 회사 파트너로서도 활발하게 활동하고 있다. 자기 분야인 게임이 아니어도 괜찮은 스타트업을 골라내는 선구안이 제법 뛰어난 듯하다. 그가 2015년 250만 달러를 투자한 '볼트Wolt'는 핀란드판 '배달의 민족' 같은 음식 배달 앱인데, 2020년 현재 유럽 내 15개국 50개 도시로 사업을 쑥쑥 키우고 있다.

대기업은 스타트업을 하찮게 취급하지 않고 협력해야 할 대상으로 여긴다. 핀란드의 또 다른 대기업 코네KONE는 엘리베이터, 에스컬레이터 등을 만드는 제조 회사인데, 사내에 '비즈니스 생태계' 부서를 만들고 신생 기업들의 자문을 맡고 있다. 이 부서의 책임자는 "신생 기업들과 소통하면서 그들의 성장을 촉진할 뿐 아니라, 오래된 대기업인 우리도 젊은 기업가들의 시각과 지식을 흡수할 수 있어 혁신에 도움이 됩니다"라고 말한다.

매년 헬싱키에서 열리는 스타트업 축제 '슬러시Slush'는 핀란드의 스타트업 생태계가 선순환하며 성장하고 있음을 보여 주는 사례로 자주 언급된다. 2011년 알토대학교에서 창업을 꿈꾸는 학생들 100여 명이 모여 사업 아이디어를 나누고 북돋기 위한 자리였는데, 2019년 슬러시에는 130여 개국에서 창업자 3,100명, 투자자 6,100명을 비롯해 총 2만 1,000명이 참가했다.

'슬러시'란 반쯤 녹아 질척거리는 눈을 말한다. 이 행사가 열리는 11월 헬싱키를 절묘하게 묘사하는 단어다. 실리콘밸리가 있는 미국 캘리포니아와는 정반대 날씨지만, 춥고 질척거리는 헬싱키에서도 얼마든지 혁신을 일궈낼 수 있다는 의지의 표현이란다. 청년들은 슬러시조직위원회를 거쳐 자기 회사를 차리는 데까지 이어진다. '마리아 0-1'에서 만났던 '싱아' 대표 후야넨 씨, 승승장구하는 볼트를 이끌고 있는 미키 쿠시 대표 등이 모두 슬러시 운영위원 출신이다.

전 세계 벤처 투자자들은 젊은 창업가들을 만나러 11월마다 핀란드로 날아온다. 새로운 투자와 사업을 벌이기 쉽도록 간소화한 법과 규제, 그리고 정부-대기업-벤처 투자자-스타트업 간의 상호 협력적인 태도가 여타 국가들과 다른 핀란드 스타트업 생태계의 강점으로 꼽힌다. 2018년 핀란드의 스타트업은 투자금으로 총 4억 7,800만 유로약 6,087억 원를 유치했다. 외국인 투자는 2010년 이후 열 배 늘어났다.

── 장밋빛 스타트업의 이면

한계점도 있다. 새로 태어나는 스타트업은 많고, 이들 모두 고군분투하지만 모두 성공하는 것은 아니다. 기업 가치 10억 달러 이상의 스타트업을 '유니콘'이라고 부르는 것만 봐도 그렇다. 스타트업이 성공적으로 시장에서 자리를 잡는 게 너무 어렵다 보니 상상 속에만 존재하는 동물 같다는 의미다. 핀란드에서는 연간 4,000개의 스타트업이 생겨나는데 현재 운영 중인 스타트업은 2,400여 개에 불과하다. 그중에서도 3년간 성장세를 지속한 '성장 스타트업 Growth Startups'은 300~400개 수준이다. 핀란드 정부는 '높은 생존률'이라고 자평하지만, 핀란드 경제 성장을 이끌어 갈 정도는 아니다.

핀란드에는 기술과 인터넷 분야의 스타트업이 많은데, 이런 테크 스타트업은 사업이 본 궤도에 오르더라도 대규모 고용을 창출하지 못한다. 핀란드에서 가장 성공한 스타트업이라고 할 수 있는 슈퍼셀은 현재 핀란드 내에서 150명, 전 세계에서 210명 안팎의 소규모 인원을 유지하고 있다. 더 늘릴 계획도 없다. 조직을 단출하게 유지하면서 트렌드에 따라 날쌔게 움직이는 게 생존 전략이기 때문이다. 노키아는 전성기에 핀란드에서만 2만 5,000명을 고용했는데, 현재 핀란드 게임 산업 전체 인원을 합쳐도 3,000명 안팎이라고 한다. 최근

지난 12년간 핀란드 연간 국내 총생산 성장률

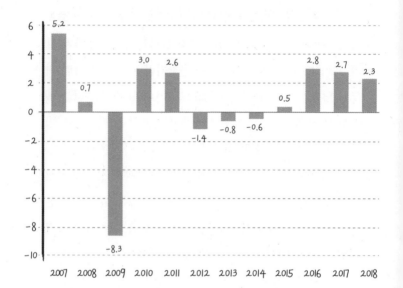

출처: 핀란드 통계청

2~3년 사이에 핀란드의 실업률이 감소한 것 역시, 스타트업 덕분이라기보다는 노키아가 5G 통신 장비 업체로서 진영을 다시 꾸린 뒤 고용을 늘리고 있기 때문이라는 분석이 나온다.

스타트업 대부분은 수도인 헬싱키와 그 주변 도시에 몰려 있다. 스타트업 중심의 경제가 발전하더라도 그 '낙수 효과' 가 핀란드 전역으로 퍼지는 데 제법 긴 시간이 필요할 것 같다. 이전 시대 핀란드 경제 성장의 한 축이었던 펄프, 제지 공장들은 침엽수림이 많은 북부 핀란드에 촘촘히 퍼져 있었다. 문 닫은 제지 공장 직원이 재교육을 받더라도 스스로 창업하거나 스타트업에서 새 일자리를 구하기는 쉽지 않을 것이다. 청년들이 죄다 헬싱키로 밀려 내려오면서 주택 부족 같은 부작용도 나타나고 있다.

핀란드가 스타트업 생태계 구축을 강력하게 추진한 지 10년이 가까워 온다. 핀란드 경제 성장률은 2016년에 2.8퍼센트로 강하게 반등했지만, 이후 다시 성장률이 떨어지고 있다. '수출 주도 경제'라는 말은 들어봤지만 '스타트업 주도 경제'라는 건 아직 먼 얘기인지도 모른다. 전 세계 곳곳에서 벌어지고 있는 논쟁에서 핀란드도 자유롭지 않다. 수천, 수만 개의 일자리를 제공할 수 있는 제조 대기업이 살아나야 경제도 살아난다는 주장과, 조만간 로봇이 일자리를 대체하는 세상이 올 테니 결국 최첨단 기술을 개발하고 아이디어 싸움을 하는 스타트업 생태계가 튼튼해야 한다는 주장이 대치한다. 스타트업 경제를 택한 핀란드가 이번에도 맞을까?

4

실패에서 무엇을 배웠는지 묻는 리더

성탄절을 앞둔 어느 날, 헬싱키 루오호라흐티Ruoholahti 역 앞에 있는 슈퍼셀 본사를 찾았다. 핀란드 국가대표급 벤처 기업 슈퍼셀은 한때 노키아의 연구개발센터였던 7층짜리 건물 한 층을 쓰고 있다. 건물 나머지 층도 여러 IT 회사들의 보금자리다. 정작 노키아는 2000년대 말, 이 센터를 지어 놓고 갑자기 사세가 기울어 제대로 써 보지도 못했다. 노키아 왕국이 저물고 스타트업의 시대가 왔음을 보여 주는 듯했다.

　슈퍼셀 사무실로 들어섰다. 입구엔 커다란 크리스마스트리가 꾸며져 있고, 그 앞엔 선물더미처럼 신발이 잔뜩 쌓여 있었다. 직원들이 집 안에 들어갈 때처럼 신을 벗어 두고 양

슈퍼셀이 출시해 성공을 거둔 게임 캐릭터들.
© Supercell

말 바람으로 일하기 때문이다. 나도 두꺼운 부츠를 벗었다.

슈퍼셀은 '클래시 오브 클랜Clash of Clans', '클래시 로얄Clash Royale', '헤이 데이Hay Day', '붐비치Boom Beach' 등 내놓는 게임마다 수십 주 연속 다운로드 1위를 기록한 모바일 게임 회사다. 2017년 출시된 '브롤 스타즈Brawl Stars'는 전 세계 초등학생 시장을 장악했다. 슈퍼셀 게임의 이용자는 하루 평균 1억 명에 이른다. 2010년 창업한 슈퍼셀은 2015년 연 매출 2조 8,000억 원을 올렸고, 중국의 대표적인 인터넷 기업 텐센트가 무려 86억달러약 10조 원에 슈퍼셀을 인수해 세계 게임 업계에 화제를 불러일으켰다.

슈퍼셀을 창업한 일카 파나넨Ilkka Paananen 대표는 그래서 핀란드 IT 창업가들의 롤 모델 1위로 꼽힌다. 그는 과거 언론 인터뷰에서 노키아의 몰락을 두고 "핀란드 스타트업을 위한 최고의 기회였다. 장기적으로는 핀란드 경제 성장에 도움이 됐다"는 견해를 밝혔다. 외부 환경 변화에 눈감고 있던 핀란드 경제에 경종을 울렸고, 그 결과 노키아와 같은 대기업에 몰려들었던 고급 인재가 벤처에 도전하는 계기가 됐다는 것이다. 냉정하게 핀란드 경제 상황을 진단했던 그의 인터뷰가 기억에 맴돌았고, 파나넨은 어떤 사람일까 궁금했다.

안내하는 직원에게 파나넨 자리는 어디냐고 물었더니, 뻥

게임 회사 슈퍼셀 CEO 일카 파나넨.
©Gettyimages

뚫린 사무실에 놓인 수많은 책상들 중 하나를 가리켰다. 파나넨은 여러 직원들 사이에 파묻혀 마치 평직원처럼 일하고 있었다. 회사 탕비실에서 직원 서너 명과 커피를 마시며 이야기하는 도중, 파나넨이 회사 로고가 새겨진 검정 티셔츠에 청바지를 입고, 역시 양말 바람으로 나타났다.

그는 인사를 건네면서 "요즘 콧수염을 기르고 있는데 조금 나이 들어 보이는 것 같네요"라고 했다. 그러더니 갑자기 얼굴이 빨갛게 달아올랐다. 외국인 기자들에게 용기 내어 농담을 던진 게 틀림 없었다. 파나넨의 첫인상은 우리가 쉽게 떠올리는 카리스마 넘치는 기업 최고 경영자 이미지와는 판이하게 달랐다. 수줍음 많은 소년 같았다. 작은 목소리로 느릿느릿 말했다. 다른 사람의 말을 끊는 법 없이 귀 기울여 들었다. 질문에 답할 때는 한 템포 멈추고 신중히 표현을 골랐다. 가끔 말을 더듬어 달변이라고 하기는 어려웠다.

—— "세상에 없는 걸 만드는 데 실패는 필수죠"

슈퍼셀은 내놓은 게임마다 연달아 전 세계적인 성공을 거뒀다. 하지만 파나넨은 실패를 강조했다. 자신의 실패 경험도 털어놓았다. "처음 창업했던 게임 회사를 미국 기업에 팔고

CEO로 일하면서 경영에도 익숙해졌다고 생각했죠. 하지만 2010년 슈퍼셀을 창업하고 2년 동안 개발한 모든 게임이 물거품이 됐어요. 최근에도 마찬가지입니다. 지난 2년 동안 게임 10개의 테스트 버전을 개발했지만, 정식으로 출시된 것은 하나뿐입니다. 나머지 9개는 테스트 단계에서 사라져 버렸어요. 게임 업계는 변화가 가장 빠른 곳이라 매번 흐름을 타서 성공하기는 어려워요. 누군가 '한 번도 실패해 본 적이 없다'고 말한다면, 그건 거짓말이거나 '한 번도 혁신적innovative 이었던 적이 없다'는 뜻이라고 생각합니다."

슈퍼셀이라는 이름에는 '세포cell'처럼 작은 조직이 모여 '강력한super' 회사를 만든다는 뜻이 담겨 있다. 개발자 5~6명으로 구성된 셀이 게임 기획부터 개발, 테스트, 출시 여부와 시기까지 모두 결정한다. 게임을 만든 개발자들이야말로 그 게임을 시장에 내놓았을 때 승산이 있는지를 가장 잘 안다고 믿기 때문이다.

파나넨은 게임 하나 하나에 관여하는 대신, 조직에 실패를 두려워하지 않는 문화를 심는 데 몰두하고 있다. 그래서 고안해 낸 게 '실패 파티'다. 게임 출시에 성공한 팀에는 '맥주 파티'를 열어 주고, 애써 개발한 게임을 출시하지 않기로 결정한 팀에는 그보다 비싼 '샴페인 파티'를 열어 주는 것이다.

"정확히 얘기하면, 실패를 축하하는 게 아니라 실패에서 무언가를 배웠다는 것을 축하하는 의미예요. 실패를 두려워하지 않는 조직 문화가 혁신의 열쇠라고 생각해요. 혁신은 세상에 없던 것을 만들어내는 것이며, 세상에 없는 것을 만드는 데 실패는 필수죠."

30대에 이미 회사를 글로벌 기업으로 이끈 파나넨은 "회사에서 목소리가 가장 작은 사람이 되는 것"이 앞으로의 목표라고 했다. 슈퍼셀이 앞으로도 흥미로운 게임을 만들어 내려면 CEO의 결정권은 작을수록 좋다는 것이다. 파나넨은 텐센트가 슈퍼셀을 인수할 때도 게임 개발과 경영에는 관여하지 않는 조건을 달았다. 개발자들의 독립성과 자율성을 존중해 주는 것을 최우선 가치로 삼고 있다. "슈퍼셀의 성공은 과거에도 그랬듯이 앞으로도 개발자에게 달려 있습니다. 관리자로서 나는 각 셀이 최고의 성과를 낼 수 있는 환경을 조성하는 역할만 수행할 겁니다."

직원들에게 수많은 보고서를 통해 성공할 것이라는 증거를 요구하고 여러 단계의 결재 과정을 거치게 하면서, 정작 '타이밍'을 놓치는 건 나쁜 리더십이다. 빠르게 변화하는 게임 트렌드를 읽고 최고의 게임을 만들려면 의사 결정에 걸리는 시간이 단축돼야 한다.

—— 슈퍼셀에게 노키아의 실패는 반면교사

2000년대 초반 노키아의 성공 비결도 신속한 의사 결정 과정에 있었다. 하지만 조직이 거대해지면서 점차 경직되기 시작했다. 훌륭한 인재들이 많았음에도 그 능력을 적재적소에 발휘할 수 없었다. 슈퍼셀은 노키아의 실패를 반면교사로 삼았다. 회사 덩치를 무작정 키우지 않는 것이다. 물론 게임 회사인 슈퍼셀이 제조 기업처럼 수천, 수만 명을 고용할 수는 없는 노릇이다. 슈퍼셀 직원은 헬싱키에 150명, 전 세계 지사 직원까지 모두 합쳐도 210여 명에 불과하다. 파나넨은 조직을 가능한 한 작은 규모로 유지할 계획이다. "직원 수와 출시 게임 수를 늘리는 것보다 기존 게임을 발전시키고 유저를 지키는 것이 우선순위가 돼야 합니다."

핀란드 전문가 리처드 루이스는 핀란드인 지도자에게 공통적으로 나타나는 특성으로 '정직성, 단도직입성, 안정성, 실용주의, 합리성, 결단력, 결과 중심, 현실성, 눈으로 본 것에 대한 믿음, 타인에 대한 존중, 겸양, 수줍음, 겸손, 내향성, 침묵의 활용, 경청, 다변에 대한 불신, 봉사의 개념, 중기中期 기획, 개인주의와 팀워크의 결합, 낙관주의와 비관주의의 공존' 등을 꼽았다.

언뜻 보기엔 어울리지 않는 단어들의 나열 같지만, 동서양

리더십의 특징이 적절히 배합된 지극히 핀란드적인 리더십이다. 말을 빙빙 돌리지 않고 곧바로 본론으로 들어가며 합리성과 실용성을 추구하는 태도는 서구적인 특징인 반면, 겸양을 중요한 덕목으로 여기고 대화나 협상에서 침묵을 적절히 활용하는 것은 아시아적인 특성이다. 말이 많은 자를 신뢰하기 어렵다고 보는 것 또한 전통적으로 동양에서 사람을 판단하는 척도다. 평소에는 직원들과 수평적인 관계를 유지하고 그들을 동료로서 존중하지만, 인수 합병과 같이 기업의 운명을 좌우할 수 있는 결정을 내릴 때에는 단호한 결단력을 발휘한다. 이를 알고 나니 사람들 앞에 나서기 부끄러워하던 파나넨은 핀란드의 기업 경영인으로서는 안성맞춤이라는 생각이 든다.

5

젊은 두뇌는 이민 가방 쌉니다

"핀란드 과학자들은 지금 핀란드의 연구 여건이 재앙catastrophe
에 가깝다는 결론을 내렸습니다. 연구를 계속하기에 희망이
없다는 판단이 들어 떠났지요."

핀란드 헬싱키대학교에서 생물통계학을 가르쳐 온 유카
코란데르Jukka Corander 교수는 2016년 노르웨이 오슬로대학
교로 자리를 옮긴 이유를 이렇게 설명했다. 핀란드 정부가
고등 교육 예산을 삭감하면서 연구 자금을 유치하기가 매우
어려워졌다는 것이다. 그는 오슬로대학교로 옮긴 뒤 여러 항
생제에 내성이 강한 슈퍼 박테리아를 퇴치하는 연구를 주도
해 학계의 주목을 받고 있다. 코란데르 교수는 영국 일간지

〈타임스〉 인터뷰에서 "1970~1980년대 대학에 대한 투자 확대가 핀란드의 첨단 기술·통신 산업 발전을 이끌었습니다. 하지만 이제 핀란드 정부는 투자를 줄임으로써 더 이상 과학 발전에 신경을 쓰지 않는다는 메시지를 주고 있어요"라고 말했다.

── 10년간 박사급 인력 3,000명 넘게 핀란드 탈출

코란데르 교수는 최근 핀란드에서 심화되고 있는 '두뇌 유출brain drain'의 단적인 사례다. 핀란드 통계청에 따르면, 2016년 핀란드를 떠나 외국으로 이주한 25~34세 인구는 5,510명으로 5년 전에 비해 약 25퍼센트 늘었다. 〈핀란드 아카데미 저널〉은 지난 10년간 박사급 전문 인력 3,124명이 해외로 나갔지만, 같은 기간 핀란드로 유입된 전문가는 1,963명에 그쳤다는 내용의 보고서를 실었다. 2015년에만 박사 학위 소지자 375명이 핀란드를 떠났다. 핀란드 대학연구원 노동조합은 2018년 4월, "자연 과학, 생명 과학, 인문학 분야 최고 전문가들이 자신의 연구 팀을 이끌고 그룹 단위로 핀란드를 빠져 나가고 있다"는 성명을 냈다. 대학의 연구 인력뿐만 아니라, 금융 전문가, 컴퓨터 엔지니어 등 여러 전문직 종사자들이 스웨덴·영국·독일 등으로 떠나고 있다고도 했다.

'두뇌 유출'은 젊고 똑똑한 인재가 미국, 유럽 등 선진국으로 이주하는 '외적 유출'과, 국내에 남아 있더라도 자기 능력과 관계없는 일에 종사해 적절히 이용되지 못하는 '내적 유출'로 나눌 수 있다. 유학을 갔다가 학업을 마친 후에도 귀국하지 않고, 유학한 나라나 다른 선진국에 정주定住하는 사례가 전자에 속한다.

'두뇌 유출'이라는 표현은 제2차 세계 대전 이후 유럽 각국에서 엘리트 공무원, 연구원, 기술자 등의 인재가 미국으로 빠져나가면서부터 쓰기 시작했다. 처음에는 전후의 과도기적 현상으로 여겨졌지만, 1955년 이후에도 유럽을 떠나는 인력이 지속적으로 늘어나자 영국·독일·이탈리아 등지에서 심각한 문제로 받아들였다. 1961~1965년까지 유럽에서 미국으로 유출된 인력이 5만 명을 넘었고, 두뇌 유출은 대미對美 기술 격차의 중요 요인으로 꼽혔다.

1960년대 한국도 마찬가지였다. 특히 자연 과학과 공학 분야에서 적지 않은 수의 인재가 해외로 빠져나갔다. 이공계 인재들에 대한 처우가 박하다 보니 해외 대학으로 떠난 뒤 고국으로 돌아오지 않은 것이다. 믿을 건 '인적 자본'밖에 없는 한국 정부는 두뇌 유출을 막기 위해 적극적인 정책을 폈다. 1970년대 한국과학기술연구소KIST, 한국원자력연구소KAERI, 한국과학원KAIST 등을 잇달아 설립해 교수진과 연구원들에게 해외 연구 기관 수준의 대우를 했다. KAIST는 아예 설립 배경에 '고급 두뇌의 해외 유출 억제'라는 문구를 명시할 정도였다.

최근 한국에서 폐지 논란이 일었던 '이공계 병역 특례' 역시 고급 인재 유출을 막기 위한 방편으로 도입된 제도다. 석·박사 과정까지 공부하려는 이공계 학부생이 국내에 남을 경우 병역 의무부터 해결해야 했기 때문에, 일찌감치 해외 유학을 택하는 이들이 많았다. 해외 대학에서 학위를 딴 뒤 한국에 돌아와 고국의 발전을 위해 일해 주면 좋으련만, 한번 나가면 아예 돌아오지 않는 젊은이가 많으니 정부는 처음부터 젊은이들이 유학을 가지 않도록 당근을 줘야 했다. 군에 입대하는 대신 자기 전공과 관련이 있는 정부 기관이나 기업 연구원으로 일하는 전문연구요원 제도를 도입한 것이다. 당시 정부 정책은 얼마간 효과를 거둬서, 우수한 이공 계통 인력을 국내로 다시 불러들였다. 국내 대학의 연구 경쟁력을 높였을 뿐만 아니라, 연구 인력을 구하기 어려운 국내 중소기업의 연구 개발 발전에도 기여했다. 지금 한국이 세계적인 기술 경쟁력을 갖춘 나라로 성장하는 데는 40여 년 전 정부

출연 연구 기관의 등장도 한몫했으리라고 본다.

한국에서는 수십 년 전부터 겪은 두뇌 유출 현상이 핀란드에서는 2015년 이후 문제로 떠오른 것이다. 일반적으로 '두뇌 유출'은 개발도상국이나 정세가 불안정한 국가의 문제로 여겨진다. 반면 노르웨이·스웨덴 등 북유럽 복지 국가들은 높은 삶의 질 덕분에 다른 나라 인재를 스펀지처럼 흡수하는 국가로 손꼽힌다. 그런데 바로 옆 나라, 비슷한 복지 선진국 핀란드에서 인재가 빠져나가는 까닭은 뭘까?

── 핀란드 정부의 자충수

핀란드 현지 언론과 영국 〈타임스〉 등은 '두뇌 유출'의 가장 직접적이면서도 최근의 원인으로 핀란드 정부의 고등 교육 예산 삭감을 꼽았다. 지난 2015년 핀란드 정부는 전국 대학과 응용과학대학의 연간 기본 운영 예산을 4년에 걸쳐 5억 유로약 6,168억 원를 삭감하고, 연구 예산도 1억 유로약 1,234억 원를 삭감하기로 결정했다. 예산이 줄어든 핀란드 대학들은 인력 구조 조정에 나섰다. 헬싱키대학교는 교직원과 연구원을 1,000명 줄였다. 스웨덴과 노르웨이 등 이웃 북유럽 국가들은 고급 인재를 유치하기 위해 인센티브 경쟁을 벌이는 와

중이었다. 박사 학위까지 취득하고도 일자리를 찾지 못한 젊은이들은 해외로 눈을 돌릴 수밖에 없었을 것이다.

핀란드 대학들이 2017년부터 유럽 연합 밖 외국인 유학생에게 연간 1만 유로 이상의 등록금을 받기 시작한 것 역시 예산 부족에 따른 자구책이었다. 당시 대학생연합은 "핀란드로 오려던 외국 인재들을 (대학 등록금을 받지 않는) 스웨덴이나 독일 등으로 가게 해 대학의 글로벌 경쟁력을 떨어뜨릴 뿐"이라고 지적했으나, 변화를 이끌어 내지는 못했다.

최근에는 핀란드 대학 또는 대학원에서 공부한 외국인 유학생들이 학업을 마치자마자 외국으로 빠져나간다는 '외국인 두뇌 유출'도 새로운 현상으로 지적되고 있다. 외국인 연구원과 학생을 위한 비자 정책이 복잡하고, 연구원 계약도 불안정하거나 단기적이기 때문이다. 핀란드 최대 일간지인 〈헬싱긴 사노맛Helsingin Sanomat〉은 "핀란드가 국제화 전략의 일환으로 적극적으로 외국 인재를 모집하지만, 정작 박사 과정을 마치고 난 이들은 일자리를 구하지 못해 핀란드를 떠난다"고 지적했다.

핀란드 정부의 고등 교육 예산 삭감 배경에는 핀란드의 인구 구성의 변화와 경제 문제가 있다. 현재 핀란드 정부는 인구의 고령화와 실업난으로 복지 지출은 증가하는데, 세수는 줄어드는 진퇴양난에 빠져 있다. 경제협력개발기구에 따르면, 핀란드는 2015년 기준, 국내 총생산 대비 공공 지출 비중이 56.1퍼센트로 2009년 46.8퍼센트보다 9.3퍼센트 포인트 늘었다. 1940~1950년대에 태어난 베이비붐 세대가 은퇴해 연금·의료 등 복지 비용이 급증하는 게 주원인이다. 핀란드의 65세 이상 노인 인구 비율은 2000년 15퍼센트에서 2018년 21.9퍼센트로 고령화가 급격히 진전되고 있다. 역시 인구 고령화가 심각하다는 한국은 이 비율이 2018년 14.3퍼센트인 것과 대비하면 핀란드는 전 세계에서 가장 빨리 늙어 가는 나라 중 하나라고 볼 수 있다.

지난 2015년에 들어선 핀란드 우파 연합 정부는 이에 대처하기 위해 연금과 실업 급여를 줄이는 등 복지 혜택을 줄이는 한편, 대학·연구소 예산을 삭감하고, 나아가 대학생·대학원생에게 직접 지원하는 주거·생활 보조금까지 대폭 줄였다. 이전에는 일괄적으로 지급했던 보조금을 가정 형편에 따라 차등 지급했다. 정부가 허리띠를 졸라매는 과정에서 젊은 세대에게도 불똥이 튄 것이다.

이러자 핀란드 정부의 조치가 자충수가 될 가능성이 크다는 우려가 나왔다. 21세기 핀란드의 성장 동력은 지식과 기술 기반 경제였다. 이를 지탱하는 젊은 인재들을 놓치면 핀란드의 성장 동력이 꺼지고 결국 복지 제도를 유지하기 힘들 것이었다. 고급 과학 기술 인재의 부족은 한국만큼이나 인적 자산의 중요성이 큰 핀란드 경제와 기업의 혁신 역량을 떨어뜨릴 수밖에 없다. 핀란드 출신의 유호 코르호넨 미국 브라운대학교 박사는 "인구 고령화로 인한 복지 비용 상승 압력과 젊은 두뇌 유출이 악순환을 일으킬 가능성이 큽니다. 그로 인해 핀란드의 인적 네트워크, 사회적 신뢰, 협동심 등 사회적 자본이 사라지면 시스템 전체가 무너질 수밖에 없습니다"라고, 어두운 전망을 내놨다. 페트리 코이카라이넨 대학 연구원 노조위원장 역시 "그동안 핀란드가 쌓아온 '최첨단 과학 기술 국가'라는 이미지는 한번 타격을 입으면 돌이키기 힘들 것입니다"라고 말했다.

—— 해외 거주 핀란드인 약 80퍼센트, "돌아갈 생각 없다"

사실 '인재 유출'이라는 것은 지극히 핀란드 정부 시각에서 바라본 표현이다. 한국 출신의 보이 밴드 방탄소년단이 해외에서 인기를 끄는 것을 두고 "우리 아이돌이 유출됐다"며 아쉬워하는 사람은 없다. 오히려 해외 진출로 국위 선양을 했다며 국방의 의무를 면제해 줘야 한다는 주장까지 나온다.

한국인이 다른 나라에서 돈을 많이 벌어 오면 국부에 도움이 되는 것 아니냐고도 한다. 중국 정부도 공부 잘하는 인재들을 실리콘 밸리로 내보내 미국의 최신 기술을 배우게 한다지 않나? 핀란드 사람들 역시 550만 명의 작은 시장에 머무는 대신 큰물에 나가 능력을 더 발휘해 보고자 하는 의욕이 넘친다. 핀란드 정부 입장에서는 '유출'일지 몰라도, 핀란드 개인에게는 작은 시장에 머무는 대신 큰물에 나가 보려는 '진출'일 수 있다.

문제는 '견딜 수가 없다'며 등 떠밀리듯 고국을 떠나는 이들이 얼마나 되느냐. 핀란드 인재들은 과연 '핀란드에서 더 이상 살고 싶지 않아' 떠나는 걸까? 해외에 거주하는 핀란드인 중 '미래에 다시 조국으로 돌아가겠다'는 이가 드물다는 설문 결과가 궁금증을 조금 해소했다. 2017년 미국 브라운대학교 연구 팀이 외국에 사는 20~40세 핀란드인 799명을 대상으로 설문한 결과, 19퍼센트만이 '다시 돌아가는 것도 하나의 선택지로 여기고 있다'고 답했다. 5명 중 4명은 돌아갈 생각이 없다는 것이다. 그들은 여전히 국제화가 덜 된 핀란드 사회의 폐쇄성, 일자리와 기회의 부족 등을 답변 이유로 들었다. 얼마 후 핀란드 국영 방송 〈YLE〉에서 새로운 설문 조사 결과를 발표했다. 핀란드 대학생 3명 중 1명이 외

국에서 직장을 구하고 싶다고 답해, 두뇌 유출이 더욱 늘어
날 수 있다는 핀란드 교육 당국의 우려를 자아냈다.

── 철퇴 맞은 우파 정부

'두뇌 유출' 문제는 핀란드 언론에서 가장 먼저 제기했고, 이
후 영국 〈타임스〉, 〈인디펜던트〉에 실리면서 눈에 띄었다. 대
학원까지 돈 한 푼 내지 않고 다닐 수 있는데도 정작 핀란드
청년들은 외국으로 나가려 하는 이유는 결국 경제 문제로 귀
결됐다. 아무리 무상으로 대학에 다닐 수 있어도 졸업 후 취
직할 일자리가 없기 때문이다. 그 와중에 핀란드 친구 하나
가 대학 졸업 후 3년을 백수로 지내다가 중소기업에 취직했
는데 회사가 망했고, 결국 아일랜드로 이민을 결심했다는 소
식을 듣게 됐다. 그는 "청년 실업률이 치솟는 와중에 정부가
우리의 등을 해외로 떠밀고 있어"라고 불만을 내뱉었다. 고
령화와 청년 실업, 저성장과 복지 확대…. 핀란드의 고민이
한국의 경제 상황과도 맞닿아 있는 부분이 많아서 관련 논문
도 추가로 찾아 읽은 뒤 기사를 썼다.

'복지 천국 핀란드?…젊은 두뇌는 이민 가방 쌉니다'라는
제목을 단 기사에는 댓글이 빽빽하게 달렸다. 대부분이 "한

국이 더 지옥"이라며 기사를 쓴 나를 비난했다. 핀란드에 살고 있는 한 독자는 "한국보다 훨씬 살기 좋은 핀란드의 나쁜 점만 찾아다닌다"고 지적했다. '한국과 핀란드 중 어느 나라가 더 좋은가'를 따지는 기사도 아닌데 말이다. 핀란드의 단점'만'을 발굴하려던 것은 아니었으나, 핀란드 사회에 '도' 여러 문제가 있음을 보여 주려는 의도는 맞다. 핀란드도 사람 사는 동네다. 매일 고난과 역경을 맞닥뜨린다. 중요한 것은 문제가 발생했을 때 어떻게 해결하느냐다. 마케팅 일을 하는 친구 안톤은 "핀란드 사회와 교육 시스템이 잘 돌아간다면, 곧 두뇌 유출 문제에 대해서도 해결책을 찾아내지 않겠어? 그걸 지켜보는 게 언론의 역할이지"라고 나를 위로했다.

핀란드 언론이나 교육계 인사들뿐만 아니라 평범한 20~30대 청년들, 교사들도 두뇌 유출 현상을 두고 다양한 의견을 쏟아냈다. 내가 만난 핀란드 시민들은 다른 무엇보다도 정부가 교육 예산을 삭감한 데 대해 분노하는 듯했다. 경기가 회복될 때까지는 정부가 허리띠를 졸라매는 것을 감수해야 한다는 사람도 있었지만, 교육과 연구 개발에 대한 투자를 줄이면 결국 핀란드 경제가 되살아나기 힘들 것이라는 의견이 많았다.

그 분노는 2019년 총선에서 표로 나타났다. 정부 지출 줄

2019년 말 34세에 핀란드 최연소 총리가 된
산나 마린 사회민주당 대표. 삭감했던 교육
예산을 원상 복구할 계획이다.
© Gettyimages

이기에 사활을 걸었던 중도 우파 정부는 실권했고, 중도 좌파 성향의 사회민주당이 16년 만에 원내 1당 자리를 되찾았다. 2019년 말 34세에 최연소 총리가 돼 전 세계의 주목을 받은 산나 마린Sanna Marin 사회민주당 대표는 복지 확대 드라이브를 걸고 있다. 아직 뚜렷한 성과를 내기에는 이르지만, 삭감했던 교육 예산도 원상 복구시키겠다는 계획이다. 고급 인력에게 돈을 많이 주고, 고국에 남아 달라고 간청했던 40년 전 한국식 대처가 핀란드에서도 유효할지는 알 수 없다. 정부 지출 확대로 인한 부작용 없이 두뇌 유출 문제를 해결할 수 있을까? 이번에도 핀란드만의 방식을 찾아낼 수 있을지 앞으로도 지켜볼 생각이다.

6

기본 소득 실험, 실패라고요?

2018년 4월, 핀란드 관련 기사가 국내 조간 신문 1면에 일제히 등장했다. 핀란드 얘기가 한국 신문에, 그것도 첫 장에 실리는 일은 매우 드물다. 한국과 핀란드 사이는 아직도 이만큼의 물리적, 심리적 거리가 있다.

한국이든, 영미권 언론이든 핀란드를 다룬다면, 십중팔구는 복지와 교육 이야기다. 이번에는 복지 이슈다. 핀란드 정부가 2017년 야심차게 시작한 기본 소득 실험을 2년 만에 종료한다는 내용이었다. 기사에는 "나랏돈 풀어 기본 소득 보장' 핀란드의 2년 실험 실패로', '혈세로 소득 보장, 핀란드 실험 실패' 같은 제목이 달렸다.

한국보다 먼저 이 내용을 다룬 곳은 영국 언론이었다. 한국 신문들은 "영국 언론이 핀란드가 기본 소득 실험에 실패했다고 보도했다"고 전한 것에 가깝다. 우선 〈가디언〉이 '핀란드, 2년 만에 기본 소득 실험 종료'라는 기사를 냈고, 이어 '핀란드가 기본 소득의 꿈을 포기한 까닭은: 돈'이라는 칼럼을 썼다. 이어 〈BBC〉는 핀란드의 기본 소득 실험 책임 연구자인 올리 캉가스Olli Kangas 투르쿠대학교 교수를 인터뷰했다. 제목은 '핀란드, 기본 소득 실험 확대 계획 없음'이라고 달았다. 〈가디언〉 기사 원제에는 '포기give up'라는 단어가 쓰였는데, 한국 신문은 하나같이 '실패failure'라는 단어를 넣었다. 짐작하건대, 처음 외신을 번역해 올린 통신 기사에 '실패'란 단어가 들어가 있어 별 생각 없이 받아썼으리라.

20여 년 전 유행했던 '행운의 편지'처럼, 핀란드에 대한 보도는 대체로 영국에서 시작된다. 영국 언론은 핀란드에 비상한 관심을 가지고 있는 것 같다. 자본주의를 탄생시켰고, 또 한때는 '복지병'을 심하게 앓았던 영국은 핀란드를 신기하게, 가끔은 우스꽝스럽게 묘사한다. 핀란드 경제가 승승장구했던 2000년대 초반, 핀란드의 사회적 경제 모델을 칭송한 기사는 영국 〈이코노미스트〉에서 썼다. 노키아가 망해 핀란드의 실업률이 치솟고 경제 성장률이 마이너스를 기록하자 핀란드는 '유럽의 새로운 병자new sick man of Europe'이라는 별명을 얻기도 했는데, 이 표현을 처음 쓴 언론사는 영국 〈파이낸셜 타임스〉였다. 기본 소득제 실험을 시작할 때도, 종료할 때도 영국 언론들이 제일 먼저 기사를 썼다. 심지어 핀란드 신문보다도 빨리!

── '기본 소득제' 오해 바로잡기

핀란드 정부가 기본 소득제를 2년 기한으로 시범 시행에 돌입한 것은 2017년 1월부터였다. 그 이전까지만 해도 '나라가 전 국민에게 아무런 조건 없이 일정 소득을 보장한다'는 기본 소득basic income은 정치인들과 학자들의 말싸움 속에서나 존재하던 개념이었다. 스위스가 전 국민에게 한 달에 275만 원씩 나눠 주는 기본 소득제 시행 여부를 국민 투표에 부친 적이 있지만, 찬성률 23퍼센트로 부결됐다. 핀란드의 기본 소득제는 한 국가의 중앙 정부로서는 처음으로 전 국민 대상으로 도입할 것을 염두에 두고 시범 시행을 한다는 점에서 의미가 있었다. 전 세계 언론들이 큰 관심을 가졌다.

　마침 내가 핀란드에서 머무르는 동안 실험이 시작됐다. 핀란드 사회보장국Kela에서 설명회를 한다는 공지가 떴길래,

핀란드 기본 소득제 실험 개요

- 기간: 2017년 1월 ~ 2018년 12월 (2년간)
- 대상: 전국 25~58세 실업자 2,000명 무작위 선정(선정되면 의무적으로 참여)
- 금액: 월 560유로(약 70만 원, 비과세)
- 기타: 기본 소득 실험 대상이 되면 기존에 받고 있던 실업, 육아, 질병 수당 등은 더 이상 지급하지 않음.
  실험 기간 중에 일자리를 구해 근로 소득이 발생하더라도 기본 소득은 그대로 지급.

나도 참석하겠다고 메일을 보냈다. 전 국민이 아니라 실업자 2,000명만 실험 대상이 된다는 건 역시 한계가 있는 것 아닐까, 그리고 왜 하필 대상이 실업자일까 궁금했다. '기본 소득 실패' 기사마다 나오는 올리 캉가스 교수와 마르유카 투루넨 사회보장국 법무담당관을 만났고, 내 궁금증을 얼마간 풀 수 있었다.

캉가스 교수는 핀란드의 기본 소득 실험의 목적을 두 가지로 설명했다. 첫째, 실업자들의 근로 의욕을 높이는 것. 둘째, 40여 가지 복지 수당이 엉켜 통제 불가능해진 복지 제도를 간소화하는 것.

첫째 항목을 먼저 살펴보자. 기존 핀란드의 실업 급여는 실직 전 소득의 70퍼센트 정도를 보전했는데, 최소한의 사회 안전망으로 기능하기에는 액수가 많아 실업자가 재취업하거나 창업할 의지를 꺾는다는 비판을 받아 왔다. 예를 들어, 월 500만 원 받던 대기업에서 해고되면 실업 급여로 350만 원을 받는데, 이를 포기하고 250만 원을 주는 중소기업에 재취업할 이유가 없다는 것이다. 기본 소득 연구진은 이런 문제를 해결하기 위해 실험 대상자가 실험 기간인 2년 동안은 재취업에 성공하거나 아르바이트를 해서 돈을 벌더라도, 기본 소득은 그대로 지급하기로 했다. 실업자가 '기본 소득+근로 소득'을 거둘 수 있도록 하면 과거보다 근로 의욕이 높아지고 나라 경제에도 도움이 될 것이라는 계산이었다. 캉가스 교수는 "2년간 실험을 거쳐 성과가 있으면 기본 소득을 6~7단계로 세분화해 지급 대상을 확대할 것"이라고 설명했다.

둘째 항목은 복지 제도를 운영하는 데 들어가는 행정 비용을 줄이려는 취지다. 핀란드의 국내 총생산 대비 복지 지출 규모는 1980년 17.7퍼센트에서 2016년 기준 30.8퍼센트로 늘었다. 육아 수당, 노인 수당, 질병 수당, 실업 급여 등 현금으로 지급하는 온갖 수당이 40여 가지에 이른다. 급여를 지급받는 절차도 복잡하다. 실직자는 실업 증명서, 아르바이트 소득 증명서, 직업 훈련 확인서 등을 다달이 제출하고 사회보장국은 이를 심사해 다음 달에 지급할 액수를 결정한다. 질병 수당, 육아 수당은 또 따로 신청해야 한다.

핀란드는 노령화가 가속화되고 경제 성장은 느려지는, 선진국 공통의 문제에 직면해 있다. 인구 고령화 속도가 유럽에서 가장 빠른 편이다. 세계은행에 따르면, 2016년 이미 65세 이상 고령자가 핀란드 전체 인구의 20.9퍼센트를 차지했다. 은퇴자가 늘어난다는 것은 경제 활동, 즉 일을 해 돈을 벌어 세금 내는 사람은 줄고 반대로 연금을 받아 생활하는 사람은 늘어난다는 의미다. 정부 입장에서는 세수는 줄고 지출은 점점 늘어날 게 분명하니, 여기에 동반되는 행정 비용이라도 줄여야 하는 상황이다. 수십 년에 걸쳐 불어난 각종 복지 제도를 '기본 소득'으로 통폐합하자는 이야기가 나온 이유다. 투루넨 법무담당관은 내게 "기본 소득은 복지 제도를 하나 더 추가하는 게 아니라, 복잡한 복지 제도를 대체하는 개념"이라고 설명했다.

기본 소득제를 논할 때 빠지지 않고 등장하는 이슈가 '4차 산업 혁명'이다. 한마디로 인공 지능 로봇이 인간의 일자리를 대체하는 시대가 오면, 생산은 로봇에 맡기고 인간은 정부에게 기본 소득을 받아서 이를 소비하는 역할을 맡아야 경제가 돌아간다는 것이다. 미래학자 레이 커즈와일Ray Kurzweil, 테슬라 CEO 일론 머스크Elon Musk 같은 인물들이 이런 이유로 기본 소득제를 주장한다.

하지만 핀란드의 기본 소득제는 '기본 소득'이라는 표현만 공유하고 있을 뿐, 저들이 주장하는 제도와는 거리가 있다. 핀란드 정부가 이 실험을 계획했을 때는 4차 산업 혁명은 고려 대상이 아니었다. 핀란드의 실험은 모든 국민을 대상으로 하는 '보편적' 기본 소득이 아니라 '일할 능력이 있지만 일자리가 없는' 이들을 대상으로 하는 '부분적partial 기본 소득제'에 관한 것이었다.

연구진의 계획은 무엇보다 '어떻게 하면 실업자들이 알코올 중독자가 되는 대신 빨리 일자리로 되돌아가도록 할 수 있을까'에 초점이 맞춰져 있었다. 나는 그날 설명회에서 손을 들고 "4차 산업 혁명에 대비한 계획이냐"라고 물었는데, 캉가스 교수는 당황스러운 표정을 지으며 이렇게 답했다. "그런 주장에 대해 알고는 있습니다. 하지만 (주된 목적이 아니라) 부차적인 효과일 것입니다. 실업자들이 기본 소득을 받으면서 새로운 기술을 익히도록 직업 훈련 제도를 보완한다면, 4차 산업 혁명이 가져올 대량 실업에 대응하는 한 방안이 될 수는 있겠습니다."

—— "스트레스는 덜 받고 더 건강하다고 느꼈다"

영국과 핀란드 언론에 나온 이야기를 종합하면, 핀란드 정부
는 2년간의 실험을 '당초 계획했던 대로' 끝냈다. 실험의 총
책임자였던 캉가스 교수가 "기본 소득을 받은 후 실업자들의
행동 변화를 추적하려면 최소 2년 더 실험을 진행할 필요가
있다"며 4,000~7,000만 유로약 526억~920억 원 예산을 추가
요청했지만 중앙 정부에서 거부했다. 정부는 "2년간의 실험
에서 결과를 도출해 보고 결정하자"는 입장을 내세웠다.

　기다리던 기본 소득 실험의 예비 보고서는 2019년 2월 8
일에 나왔다. 2년간의 실험 중 첫해 1년치에 대한 고용 성과
를 분석한 내용이었다. 기본 소득을 지급받은 이들의 평균
고용 일수가 1년 중 49.6일로, 기존의 실업 급여를 받은 대조
집단49.3일에 비해 많긴 했으나, 통계적으로 유의미한 정도는
아니었다. 1년간 근로 소득은 실험 대상자가 4,230유로, 대
조군은 4,251유로로 집계됐다. 실업자가 일자리를 구해 돈을
벌어도 기본 소득을 끊지 않고 제공하면 더욱 적극적으로 구
직 활동에 나서지 않겠느냐는 기대는 충족되지 않았다. 헤이

키 힐라모Heikki Hiilamo 헬싱키대학교 교수는 "실업자의 근로 의욕을 고취하는 데 채찍보다 당근이 더 잘 작동하는지 실험했으나 실망스러운 결과가 나왔습니다. 실업자들은 금전적 인센티브가 없어서가 아니라 시대에 뒤떨어진 기술이나 건강 문제 때문에 재취업을 못하고 있다는 의미입니다"라고 분석했다.

그렇다면 역시 기본 소득 실험은 실패라고 봐야 할까? 핀란드 내에서 기본 소득 실험에 대한 지지 세력은 크게 줄어든 것은 사실이다. 핀란드 재정부 장관이었던 페트리 오르포Petri Orpo는 〈파이낸셜 타임스〉 인터뷰에서 "기본 소득 제도를 복지 개혁 모델로 삼는 데 반대합니다. 기본 소득 제도가 아닌 '유니버설 크레딧'과 같은 실직자들을 독려할 새로운 제도를 검토하고 있습니다"라고 했다. '유니버설 크레딧'은 한 달에 최소 몇 시간 이상 일했거나 직업 훈련 받은 것을 증명한 경우에만 실업 급여를 주는 것으로, 최근 영국에서 논의되고 있다.

결국은 돈 문제다. 2,000명한테 2년 동안 한 달에 70만 원씩 줄 돈 정도는 마련할 수 있다. 하지만 550만 명의 국민 모두에게, 아니 실직자 17만 명만에게라도 평생 기본 소득을 지급하는 것은 이야기가 달라진다. 경제협력개발기구에서도 기본 소득제를 전국적으로 시행하려면 핀란드 국민들이 지금보다 30퍼센트 이상 세금을 더 내야 한다는 조사 결과를 냈다. 한국인에 비하면 세금 내는 것에 관대한 핀란드 국민들도 혀를 내두를 수준이다. 선거를 앞둔 정치인들도 국민들 눈치를 보며 한 발짝 물러선 것이다. 누구도 적극적으로 기본 소득제 확대를 주장하지 못하는 상황인데, '학자'인 캉가스 교수는 '연구를 더 해보겠다'며 꿋꿋하게 예산 확대를 요청한 것이다.

이런 앞뒤 사정을 살펴 보면 실험이 실패했다고 단정짓는 것은 아무래도 좀 이르다고 생각한다. 사회보장국에서도 아직 기본 소득 실험의 효과에 대해 명확한 결론을 도출하기는 불가능하다고 밝혔다. 실험이 끝나고 1년 정도 지난 뒤에 실험 참가자들의 삶에 어떤 변화가 있는지 추적해야 한다는 게 연구진의 주장이다. 이 같은 추적 관찰 결과까지 모두 분석한 정식 보고서는 2020년에 나온다.

마지막으로 나의 관심을 끈 것은 실험 참가자들의 전화 설문 결과였다. 2년 동안 기본 소득을 받은 실험 대상자들은 대조군에 비해 스트레스는 덜 받았고, 집중력이 높아졌으며, 더 건강하다고 느꼈다고 답했다. 미래에 대한 긍정적인 생각과 희망 신뢰 수준, 전반적인 삶의 질, 사회적 이슈에 대한 관심과 자신감도 더 높게 나타났다. 사회 복지 제도의 역할이 무엇인가 되돌아보지 않을 수 없다. 가진 것 없는 사람들도 '괜찮다'고 느끼는 삶을 영위할 수 있도록 지지해 주는 것이 복지라면 핀란드의 기본 소득 실험이 얼마간은 성공한 게 아닐까?

7

"복지 강국 핀란드는 자립심부터 키웁니다"

"이 방향으로 5킬로미터 가면 학교가 나온단다."

핀란드 부모는 초등학교에 입학하는 일곱 살 아들에게 안장이 높아 타기도 힘든 자전거를 주면서 말한다. 해가 미처 뜨지 않아 어두운 겨울 아침, 눈이 쌓여 발이 푹푹 빠져도 아이는 자기 몸통만한 가방을 메고 혼자서 등·하교를 한다. 학교에서 돌아오면 부모님은 출근하고 없다. 배고프면 간식을 찾아 먹고, 강아지를 산책시키거나 화분에 물을 주는 간단한 집안일은 아이 몫이다. 자기가 맡은 일은 누구도 대신해 주지 않는다. 이렇게 자란 핀란드인은 자신의 삶을 스스로 꾸려 가는 일을 무엇보다 중요하게 여긴다.

언젠가 에로 수오미넨 주한 핀란드 대사가 들려준 이야기다. 그는 "핀란드는 자신을 스스로 돌보기 어려운 사람을 국가가 책임지는 복지 제도를 잘 갖추고 있지만, 동시에 독립적인 삶을 꾸리지 못하면 부끄러움을 느끼도록 가르친다"라고 했다.

핀란드 사람들은 돈이 많고 일이 바빠도, 가정부를 고용하는 일이 드물다. 집안일을 다른 사람에게 맡기는 일이 어쩐지 부끄럽게 여겨지기 때문이다. 내가 사는 집을 스스로 깨끗이 청소하고, 내가 자고 일어난 침대는 스스로 정리하고, 내가 먹을 밥은 스스로 챙겨 먹어야 한다고 아주 어릴 때부터 교육받는다. 아이는 부모가 일방적으로 챙겨 줘야만 하는 존재가 아니다. 가족 구성원으로서 자신의 역할과 책임을 부여받는다. 그리고 어른이 되면 부모로부터 독립해 자신의 두 발로 설 의무도 있다. 스무 살 이후 대학에 갈지 일을 할지, 누구와 함께 어떻게 살아갈지 결정권과 책임은 온전히 자신에게 있다.

그게 가능하려면 어린 시절부터 준비돼 있어야 한다. 마음의 준비든, 경제적인 능력이든 말이다. 내가 스무 살이었을 때 부모님의 지원을 받지 않았다면, 이후 어떤 삶을 살아갔을까? 상상도 해 본 적 없는 문제다. 100여 년 전 궁핍했던 핀란드가 복지 강국으로 성장할 수 있었던 근간에는 자립하는 시민들이 굳건히 버티고 있다. 이런 사회에서 자립하려는 노력은 하지 않고, 생활 보조금에 기대기만 하려는 무임승차자들은 이해받기 어렵다. 핀란드 시민들은 자신의 삶을 스스로의 능력으로 꾸려 나가기 위해 최선을 다한다. 자기 자신뿐만 아니라 가족, 이웃, 동료 들 모두 그럴 것이라고 믿는다. 그 덕분에 핀란드의 복지 시스템 역시 지금껏 과부하가 걸리지 않고 잘 굴러 올 수 있었다.

—— 마지막 전력 질주

더 이상 일할 능력이 없는 노인들마저도 무작정 국가에 기대지는 않는다. 헬싱키 아라비안란타 지역에는 '로푸키리 Loppukiri'라는 노인 주거 커뮤니티가 있다. 생소한 핀란드어라 한번에 와닿지 않았는데, 핀란드 친구들은 이 이름을 듣고는 "고집 세고 생활력 강한 핀란드 노인들답다"고 했다. '마지막 전력 질주 final spurt'라는 뜻이다.

로푸키리는 밖에서 보면 핀란드의 일반 아파트와 별 다를 게 없다. 붉은 벽돌로 지어진 7층짜리 건물에 총 58세대, 70여 명의 노인들이 살고 있다. 입주자 평균 나이는 69세로, 최고령자는 90세가 넘었다. 배우자를 먼저 떠나 보낸 노인들은 비교적 작은 36~48제곱미터짜리 플랫을 혼자 쓰고, 부부가 같이 들어온 경우에는 80제곱미터짜리 큰 플랫에 들어간다. 1층과 꼭대기 층에는 식당, 체육관, 책을 읽거나 텔레비전을 볼 수 있는 공용 거실, 세탁실, 자전거 보관소, 사우나 두 곳, 약국 등 모든 입주자가 함께 사용하는 공간이 마련돼 있다. 가족들이 놀러 오면 지낼 수 있는 게스트룸도 있다.

입주 비용은 제법 비싸다. 중간 사이즈인 48제곱미터짜리 플랫이 2020년 기준으로 27만 유로약 3억 5,400만 원다. 제일 작은 플랫을 쓰더라도 2억 원이 넘는 비용을 한번에 내야 한다. 이후로는 관리비로 1제곱미터당 월 5유로씩 낸다. 대부분 입주자들은 자기가 원래 살던 집을 팔고 로푸키리에 들어왔다.

일반적인 실버타운이나 양로원과 비교했을 때 가장 큰 차이는 이곳에 노인들을 돌보는 직원이 없다는 데서 드러난다. 로푸키리 노인들은 비교적 건강하고, 일방적으로 돌봄을 받는 것을 원하지 않는다. 이들은 네 가지 규칙을 지키며 함께 살아간다. 첫째, 공동체 정신에 충실할 것. 둘째, 자신의 강점을 활용해 공용 공간을 관리하며 식사를 준비할 것. 셋째, 서로 도움을 주고받을 것. 넷째, 관리자나 별도 서비스가 없으므로 자급자족할 것 등이다.

로푸키리에서 생활하는 핀란드 노인들. 식사를 같이 준비하고, 공용 공간에서 함께 시간을 보내기도 한다. 자신이 원하는 한에서다.
© Aktiiviset Seniorit 홈페이지

규칙에 따라 로푸키리 노인들은 6~7명이 한 조를 이뤄 돌아가면서 저녁 식사 준비와 공용 공간 청소, 정원 가꾸기 등을 한다. 단체 생활이기 때문에 노인들은 시청에서 위생 교육까지 받는다. 로푸키리 내에는 요가나 합창, 연극 등 취미 생활을 할 수 있는 동아리 15개가 운영되고 있다. 인터넷과 모바일 사용법을 익힐 수 있는 IT 수업도 연다. 로푸키리를 알리는 블로그도 노인들이 직접 운영한다. 같이 요리해 먹고 옥상 테라스에서 소시지 파티를 하는 일상의 사진들이 잔뜩 올라와 있다. 하지만 가사일을 제외하고는 자신이 원하지 않는데도 필수적으로 참여해야 하는 활동은 없다. 개인주의적이며 내향적인 핀란드인의 특성을 자신들이 누구보다 잘 알기 때문이다. 공동생활에서도 혼자만의 공간과 시간은 필수다.

로푸키리에는 삶의 마지막 순간까지 활기차게 살겠다고 마음먹은 노인들이 모였다. 직장에서 은퇴하고 배우자를 떠나보낸 뒤 여생을 자녀에게 의지하거나, 아픈 노인들이 많은 요양원에 가거나, 그도 아니면 혼자 쓸쓸하게 지내는 것을 거부한다. 로푸키리는 2000년에 창설된 '활동적인 노인들Aktiiviset Seniorit'의 첫 번째 프로젝트였다. '액티브Active'라는 단어를 사용했지만, 의역하면 '자립하는 노인들의 모임'이라고 해도 무방할 것이다. 친구 사이였던 핀란드 할머니 4명이 '서로 외롭지 않게 모여서 재미있게 살자'며 뜻맞는 사람들을 모았다. '헬싱키 로푸키리 주택 주식회사'를 설립하고, 2002년부터 노인들이 사용하기에 편리한 것에 초점을 맞춰 건축 디자인에 들어갔다. 방을 어떻게 나눌지, 가구의 높이는 어느 정도가 좋을지, 발코니는 얼마나 넓어야 할지 등 세부적인 사항을 모두 이들이 직접 정했다.

이 과정에서 정부가 한 일은 헬싱키 시유지를 건물 부지로 싼 값에 장기 임대해 준 것이다. 1990년대 말 불황을 거치면서 핀란드에서 독거 노인 자살이 사회 문제로 대두됐던 시기였다. 노인들이 자립할 수 있는 공간을 스스로 돈 들여 짓겠다는데 지방 자치 단체로서는 마다할 이유가 없었다. 로푸키리가 자리 잡은 '아라비안란타'라는 동네는 헬싱키에서 제법 인기가 높은 새로운 주거 지역이다. 인근에 알토대학교 예술대학 캠퍼스가 있어서 특히 젊은이들이 많이 산다. 노인 시설이라고 해서 산 좋고 물 좋은 곳에 외따로 떨어져 있지 않다. 이 역시 사회의 일원으로 마지막까지 당당하게 살아가겠다는 로푸키리의 정신과 일맥상통한다.

로푸키리를 만든 마리아 달스트롬 Marja Dahlström 씨는 "로푸키리는 우리 인생의 마지막 클라이막스"라고 표현했다.

"노년을 행복하게 보내기 위해서는, 우리 삶을 스스로 꾸려갈 수 있는 자율성을 가져야 하며 공동체 의식을 가지고 있으면서도 프라이버시를 존중받아야 합니다. 이웃의 도움을 받고 또 도움을 줘야 합니다."

로푸키리의 이야기가 알려지면서, 핀란드에서는 고령화 시대에 핀란드인들의 특성에 딱 맞는 노인 복지 정책 대안이라는 평가가 나왔다. 남은 물론이고 가족에게도 의존하기를 꺼리는 핀란드 노인들이 남의 도움 없이 스스로 살아간다는 자부심을 느낄 수 있으면서도, 사회에서 소외되지 않을 수 있기 때문이다. 인기가 많아지자 2015년 '코티사타마Kotisatama'라는 두 번째 노인 주거 시설이 칼라사타마 지역에 문을 열었고, 지금은 세 번째 시설을 짓기 위해 입주 희망자를 모집하고 있다. 두 곳 역시 헬싱키 시가 부지를 공급한다.

—— 홀로 설 수 있도록 돕는 복지

핀란드의 복지 철학은 한마디로 '시민의 자립'을 돕는 것이다. 자립이란 남에게 의존하지 않고 자기 앞가림을 하며 살아가는 일이다. 부모도 자식도 남이다. 이렇게 말하면 지나치게 냉정한 개인주의로 비칠지 모르겠다. 사실은 그 반대다. "경제적으로 서로 의존하지 않는 가족들은 서로를 더 아끼고 사랑하게 된다"고 핀란드의 저널리스트 아누 파르타넨Anu Partanen은 주장한다.

우리나라에서는 아이가 초등학교에 들어가는 순간부터 최소 12년 동안 학원비, 과외비를 대느라 부모 허리가 휜다. 2017년 교육부 조사에 따르면, 한국 초·중·고교생 1인당 사교육비가 월평균 27만 원으로 집계됐다. 이를 12년간 계속하면 약 4,000만 원이다. 통계가 현실을 잘 반영하는 것 같지도 않다. 서울에서는 중학생 수학, 영어 두 과목만 학원에서 배워도 월 50만 원은 기본이라고 한다. 아이가 대학에 가면 등록금도 부모가 낸다.

대학 졸업 후에도 부모의 책임은 끝나지 않는다. 취업하고도 독립하지 않고 부모님의 지원을 받으며 사는 '캥거루족'이 하나의 사회 현상이 된 지 10년이 됐다. 자녀를 위해 아낌없이 퍼 준 부모는 노후 대비가 안 된 채 은퇴를 맞이한다. 그러니 자식은 부모 노후를 책임져야 한다는 마음의 빚을 가질 수밖에 없다. 이러다 부모가 아프기라도 하면, 의료비를 대고 부모를 돌보는 책임도 고스란히 자녀들에게 돌아간다. 인식이 많이 바뀌었다고 하지만, 노부모를 실버타운에 모시는 자식을 우리는 여전히 곱지 않은 시선으로 바라본다.

핀란드의 사회 안전망, 즉 복지 제도는 시민 한 사람이 '요람에서 무덤까지' 일생을 국가가 책임지겠다는 게 아니다. 그보다는 살아가는 동안 부모나 배우자, 자녀에게 의존하지 않고 자립할 수 있도록 돕는 것을 목적으로 설계돼 있다. 아이가 태어나면 성인이 될 때까지 부모가 육아 수당을 받는다. 갓 태어난 아이도 최소한 자기 기저귀 값 정도는 자신이 대는 셈이다. 부모는 보통 오후 6시면 칼같이 퇴근해 자녀와 시간을 보낸다. 학원이 없으니 자녀 사교육비를 댈 필요도 없다. 대학에 가든 취직을 하든, 아이는 스무 살이 넘으면 독립한다.

실직한 경우에도 가족의 도움 대신 실업 급여를 받는데, 구직 활동 또는 재취업 교육을 받는 조건하에서다. 개인으로서도 빨리 일자리를 찾아 당당한 사회 구성원이 될 수 있고, 국가 입장에서는 세금을 덜 쓸 수 있기 때문이다. 은퇴한 후에는 연금을 받으며 자신의 삶을 꾸려 간다. 병이 들어 더 이상 삶을 자기 힘으로 영위할 수 없을 때에야 비로소 도움을 받는다. 이때도 자녀 대신 국가가 돕는다. 의료비는 공공 보험이 해결해 주고 간병은 사회복지사가 해 준다. 자녀들은 부모와 산책하거나, 이야기를 나누거나, 책을 읽어 준다. 부모를 책임져야 한다는 부담 없이 그저 시간을 함께 보낸다.

세계경제포럼 WEF에서 발표된 '노르딕 웨이 Nordic Way'라는 보고서는 이렇게 말한다.

'노르딕 국가에 가족은 여전히 사회를 구성하는 중요한 기본 조직으로 남아 있는데, 또한 그 속에는 자율과 평등을 강조하는 도덕 규범이 스며 있다. 이상적인 가족은 노동을 하며 서로 경제적으로 의존하지 않는 성인들과 가급적 일찍 독립을 권유받는 자녀들로 구성된다. 이는 가족 가치를 훼손한다기보다 오히려 사회 조직으로서 가족의 현대화로 해석할 수 있다.'

개인이 독립적인 개체로서 행복해야 그 개인이 속한 가족도, 공동체도 행복할 수 있다는 믿음을 핀란드 사회는 공유하고 있다.

PART III

신뢰,
핀란드 사회를 움직이는
'보이지 않는 손'

66 핀란드인들 사이의 두터운 상호 신뢰가 지금의 핀란드를 만든 커다란 자산임을 곧 깨달았다. 미국의 저명한 국제정치학자 프랜시스 후쿠야마 Francis Fukuyama는 1995년 《신뢰》라는 저서에서 '신뢰는 거대하고 측정 가능한 경제적 가치를 지닌다'고 썼다. 또한 '공동의 가치관에서 신뢰가 생긴다'고도 했다. 핀란드 사람들은 정직성과 투명성, 실용성과 같은 가치를 공유한다. 거기서 비롯된 구성원 간의 신뢰는 핀란드 사회가 삐걱대지 않고 효율적으로 돌아갈 수 있는 기반을 만들었다. 사회적 자본이 된 것이다. 99

1

극한 날씨가 핀란드인들에게 미치는 영향

특별할 것이 없었다. 핀란드의 교육 제도와 복지 시스템을 들여다 볼수록 그랬다. 한국이 더 나은 점도 종종 발견했다. 예를 들어, 공공 의료 보험 제도와 보편적인 의료 서비스 수준은 한국이 월등하다고 느꼈다. 핀란드에선 감기에 걸리거나 이가 썩었을 때 무료로 병원 진료를 받을 수 있지만, 정작 병원에 가면 2~3일 뒤에나 진료를 받을 수 있다. 웬만큼 아프지 않고서는 그냥 약국에서 산 약으로 견디는 편이 빠르다. 국가가 전 국민에게 무상 의료를 제공하는 만큼 서비스의 질이 낮아지는 것이다. 반면 미국은 최고 수준의 의료 서비스를 언제고 받을 수 있지만, 개인이 어마어마한 비용을 지불해야 한다. 한국은 양극단의 장점을 모은 것처럼, 개인의 의료 비용 부담 비율이 적으면서도 서비스 수준이 높기로 유명하다.

특별한 것은 핀란드인들의 태도였다. 내가 만난 핀란드 사람들은 법과 제도, 정부와 공무원, 정치인이 핀란드를 보다 나은 국가로 만들기 위해 뛴다고 믿고 있었다. 이들은 학교와 교사가 아이를 가르치고 평가하는 방식을 전적으로 신뢰하며, 병원과 의사는 더 많은 환자를 최대한 빨리 돌보기 위해 최선을 다하고 있다고 생각했다. 내 이웃이 복지 제도를 악용하거나 세금을 빼돌려 사익을 취할 것이라고는 생각지 않는다. 그러니 불만이 적다. 핀란드 사회 제도가 톱니바퀴처럼 착착 맞물려 돌아가는 이유는, 제도가 허점 하나 없이 완벽해서가 아니라 사람들이 그 제도와 사람을 '신뢰하기' 때문이었다.

본인 스스로도 높은 정직성과 투명성의 기준이 있어서 그에 맞추어 살아간다. 누가 보지 않아도 법과 규칙을 지킨다. 내가 지켜야 남도 지키고, 그래야 우리 공동체가 문제없이 돌아간다고 믿기 때문이다. 차가 한 대도 지나가지 않는 동네의 2차로에서도 빨간불이 보이면 횡단보도를 절대 건너지 않는다. 만약 무단 횡단하는 외국인을 보면 뒤에서 혀를 찬다는 핀란드인들의 이야기는 꽤 유명하다. 내게 부과된 세금

을 내는 것 또한 자랑스럽게 생각한다. 당당히 사회 구성원
이 될 수 있는 자격을 얻는 것이기 때문이다. 또한 세금이 나
와 이웃을 위해 공평하게 쓰일 것임을 알기 때문이다.

—— '신뢰'라는 아교가 핀란드를 끈끈하게 잇는다

핀란드에 잠시 머무른 외부 관찰자로서 이런 태도는 늘 낯설
었다. 만약 누군가 당신에게 "왜 무임승차를 하지 않느냐"고
물으면 뭐라고 답할 것인가? 내 주변 한국 사람들은 "그냥 당
연히 돈을 내야 하니까"라고 답한 경우가 압도적으로 많았
다. 한국 사람들도 규칙을 잘 지키는 편이지만, 그 이유를 물
으면 우물쭈물한다. 이미 정해진 규칙에 대해 깊이 생각해
보지 않고, 그냥 지킨다는 것이다. 그런데 핀란드 사람들은
이런 질문에 익숙한 듯 자기 생각을 늘어놓는다. "내가 무임
승차를 한 번 하면, 다른 사람도 무임승차를 한 번씩 해도 이
를 막을 수 없다. 그럼 대중교통 회사가 적자가 난다. 검표원
을 더 늘리거나 무인 검표 시스템을 갖추는 데 세금을 더 써
야 한다. 그럼 교통 요금이 더 올라갈 수 밖에 없지 않느냐"
고 술술 말한다.

헬싱키의 어느 한국 식당에서는 비빔밥만 판다. 돌솥 비빔

밥을 시키면 샐러드와 된장국을 '서비스'로 준다. 후식으로 커피와 쿠키도 준다. 방탄소년단 덕분인지 현지인 손님들이 제법 오는데, 이 핀란드인들 대부분이 '서비스'로 주는 반찬을 신기하게 생각한다. 간혹 "된장국은 먹지 않을 테니, 그 값은 빼달라"는 손님도 있다고 한다. 공짜라고 해도 안 통한다. 요컨대, "나는 된장국이 아니라 비빔밥만 먹고 싶은데, 왜 주인 마음대로 된장국까지 주고 그 값을 나한테 지불하라고 하느냐"고 묻는다. 세상에 공짜가 어디 있느냐는 것이다. 식당 운영 비용에 된장국 끓이는 값이 포함될 테고, 결국 손님에게 그 비용이 전가되는 것 아니냐고 묻는다.

맞는 말이긴 한데, 어쩐지 피곤하다. 너무 진지하다. 자기가 칸트도 아닌데 말이다. 이런 말을 무심히 내뱉는 사람들은 칸트와 공자 같은 사상가가 아니다. 그저 필부필부匹夫匹婦다. 사회 생활 7년차 세일즈맨, 방학에 스타트업에서 인턴십 중인 대학생, 온몸에 타투를 새긴 50대 록 밴드 멤버가 이런 말을 한다. 깊이 생각하는 습관이 배어 있다. 생각이 많다 보니 변화가 느린 것도 당연하다. 공짜 반찬, 아이의 성적 향상 같은 당장 눈앞의 이익이나 편리보다 좀 더 멀리 내다보려고 한다. 내가 속한 공동체가 잘되는 게 결국 내게도 좋은 일이라는 믿음이 굳건하다.

핀란드인들 사이의 두터운 상호 신뢰가 지금의 핀란드를 만든 커다란 자산임을 곧 깨달았다. 미국의 저명한 국제정치 학자 프랜시스 후쿠야마Francis Fukuyama는 1995년 《신뢰》라 는 저서에서 "신뢰는 거대하고 측정 가능한 경제적 가치를 지닌다"고 썼다. 구구절절한 설명이나 시시콜콜한 증빙 자 료 없이도 서로를 믿는다는 건 참 기분 좋은 일이다. 기분이 좋으면 모든 일이 술술 풀리게 마련이다. 일이 술술 풀린다 는 것은 시간과 돈을 효율적으로 쓴다는 의미다. 후쿠야마는 "공동의 가치관에서 신뢰가 생긴다"고도 했다. 핀란드 사람 들은 정직성과 투명성, 실용성과 같은 가치를 공유한다. 거 기서 비롯된 구성원 간의 신뢰는 핀란드 사회가 삐걱대지 않 고 효율적으로 돌아갈 수 있는 기반을 만들었다. 사회적 자 본이 된 것이다.

어디서 이런 신뢰가 쌓이기 시작한 걸까? 핀란드에서 지 냈던 두 번째 1년. 만나는 사람마다 붙잡고 신뢰의 근원이 어 디인가를 물었지만 속시원한 답은 찾지 못했다. 누군가는 무 상 의무 교육 덕분이라고 하고, 또 누구는 군대 의무 복무 때 문이라고 했다. 상호 신뢰를 갖고 일을 추진했을 때 좋은 결 과가 나왔던 사회적 경험도 여러 번 쌓였을 테다. 그런데 내 눈길을 사로잡은 것은 "핀란드인들이 서로 믿고 의지하지 않았다면 춥고 척박한 이 땅에서 살아남을 수 없었을 것"이라는 분석이었다. 자연환경은 인간의 의지로 변화시키기 어렵고, 살아남기 위해서는 인간이 주어진 조건에 적응해야만 한다는 사실은 자명하다.

—— 신뢰하지 않으면 생존할 수 없다

눈이 오는 시기를 겨울이라고 한다면, 핀란드의 겨울은 보통 10월 말에 시작해 4월까지 이어진다. 가끔은 5월에도 진눈깨비를 퍼붓곤 한다. 국토 남단인 헬싱키 기준이다. 12월 헬싱키에서는 아침 9시가 넘어야 사위가 밝아 오고, 오후 3시면 해가 넘어간다. 흐린 날은 낮에도 어두컴컴해서 가로등이 종일 꺼지지 않는다. 그나마 도시는 불빛이 밝지만, 조금만 교외로 나가도 칠흑 같다. 핀란드 북부 지방에서는 무려 52일간 해가 지평선 위로 떠오르지 않는 극야Kaamos 현상이 이어진다. 사람들은 검고 두꺼운 옷을 단단히 여미고 걸음을 재촉한다. 속눈썹에 얼음이 맺힌다. 얼굴이 얼어붙어 표정도 없다. 1월 추위가 가장 매섭다. 2017년 1월에는 일주일 정도 영하 20도 추위가 지속됐다. 추위와 어둠에 움츠러든 나를 보고, 핀란드 사람들은 "지구 온난화 때문에 내 생애 가장 따

핀란드의 겨울.
©Gettyimages

뜻한 겨울"이라며 농담을 건넸다.

수백, 수천 년 전 핀란드 사람들에게 이 땅의 기후와 지리 조건은 그야말로 가혹했을 것이다. 날씨는 춥고 식량은 부족해 생존 자체가 어려웠다. 국토의 75퍼센트는 두터운 숲이, 10퍼센트는 호수가 차지하고 있다. 농작물을 기르고 사람이 살 수 있는 땅이 모자란다. 핀란드의 인구는 1700년대 중반까지 50만 명을 넘지 못했다. 지금도 한반도 1.5배 정도의 국토에 550만 명만이 산다.

이런 자연환경이 핀란드인들에게 '신뢰 DNA'를 심어 줬다. 극지방에서 살아남기 위해 핀란드인들은 우선 체력과 근성, 불굴의 정신력을 갖춰야 했다. 또, 불을 피워 겨울을 견디며 순록을 키우기 위해서는 몇 안 되는 이웃과 반드시 협력해야 했다. 신뢰가 생존과 직결된 문제였던 것이다. 인구가 적은 소규모 공동체에서는, 우리식 표현으로 하면, 이웃집 숟가락 개수까지 알기 때문에 서로 믿고 의지하기 쉬웠다. 잘못을 저지르거나 남을 속였을 때 숨을 곳이 없기 때문이다. "핀란드인이 금요일에 장작을 가져오겠다고 말하면 장작은 틀림없이 금요일에 그 자리에 있습니다. 50년 전만 해도 장작이 없으면 죽을 수도 있었으니까요. 이 나라에서 실수를 하면 모든 사람이 누가 그랬는지 알 겁니다." 영국 언론인 마이클 부스가 쓴 북유럽 탐방기《거의 완벽에 가까운 사람들》(2018)에는 이처럼 핀란드인의 신뢰성과 기후의 상관 관계에 대한 이야기가 나온다. 기후나 지리 조건에 대해 생각하다 보니 '경쟁'을 중요한 가치로 삼는 한국 사회에 대해서도 얼핏 이해가 되는 듯했다. 좁은 땅덩이에 너무 많은 사람들이 살고 있는 한국에서는 자연히 신뢰보다는 경쟁이 생존에 적합한 키워드가 된 게 아닐까?

리처드 D. 루이스는《미래는 핀란드에 있다》(2008)에 "낮은 기온 때문에 야외 활동은 무엇이든 간결해야 했다. 영하 20도나 되는 길거리에서 우물쭈물할 여유가 없다. 아는 사람이라도 만나면 20초 이내에 마칠 수 있는 최소한의 대화만 나눴어야 할 것이다"라고 썼다. 이웃과 대화를 단 20초만 나누고도 충분히 의사를 전달할 수 있는 핀란드 사회는 '고맥락high context' 사회로 평가받는다. 고맥락 사회의 구성원들은 다양성이 적고 공통점이 많다. 따라서 많은 대화를 나누지 않아도 상대의 의중이 무엇인지 금세 파악할 수 있다. 상대의 행동과 반응을 예측할 수 있고, 대부분 예측대로 이뤄진다. 상대의 기대를 벗어나는 행위를 스스로 억제하게 된다.

이것이 바로 신뢰다. 영국 옥스포드대학교 경영대학원의 레이첼 보츠먼Rachel Botsman 교수는 저서《신뢰 이동》(2019)

에서 신뢰란 "미지의 대상과의 확실한 관계"라고 정의한다. 모르는 사람이더라도 어떤 행동을 할 것이라고 확신할 수 있는 상태다. 그에 따르면, 사회적 신뢰는 작은 공동체를 기반으로 한 '지역적 신뢰local trust'에서 '제도적 신뢰institutional trust'로 진화한다고 말한다. 공동체의 규모가 커졌음에도, 핀란드인들은 정당한 절차를 통해 만들어진 법과 제도, 그리고 그 제도의 규율을 받는 구성원을 신뢰하게 된 것이다.

── '우리끼리만' 믿는다

그러다 보니 핀란드인들 사이의 공고한 신뢰는 외부인에게는 쉽사리 허용되지 않는다. 고난에 가까운 자연환경을 함께 견디며 지금의 핀란드를 일궈낸 '우리' 사이에서 쌓인 신뢰를 갑자기 찾아온 낯선 이에게도 무작정 베풀 수는 없을 것이다. 리처드 루이스는 이를 두고 "외부인의 침략을 항상 경계하는 극지방 생존자의 오래된 습성이 남아서 영향력을 미치는 것 같다"고 평가했다.

핀란드 내의 이민자 비율은 전체 인구의 7퍼센트2018년 기준를 조금 넘는다. 1990년대 유고슬라비아 난민부터 적극적으로 수용한 옆 나라 스웨덴의 이민자 비율이 24퍼센트에 이르는 것과 대조된다. 핀란드는 오랫동안 난민을 받아들이지 않았다. 그러다 2015년 이라크, 아프가니스탄 등에서 이슬람 극단주의 무장 단체 IS를 피해 북유럽으로 들어온 난민 약 3만 2,000명을 처음으로 받아들였다. 당시 핀란드 총리는 기업인 출신의 유하 시필래Juha Sipilä였다. 그는 "인종 혐오 발언을 멈추고 난민들이 핀란드에서 환영받는다고 느낄 수 있도록 돌봐야 한다"며 자기 집을 난민들에게 내주기도 했다.

대규모 이민자, 그것도 가난한 난민들을 처음으로 맞이한 핀란드에서는 혼란이 시작됐다. 이슬람 난민들은 공공 수영장에 난민 여성들끼리만 쓸 수 있는 시간을 배정해 달라고 요구하는가 하면, 난민 시설에서 배식한 오트밀 죽을 "개나 여자들에게나 줄 저질 식사"라고 항의하며 시위를 열기도 했다. 남녀 구분 없이 수영장을 이용하는 게 당연하고, 아침 식사로 오트밀 죽을 즐겨 먹는 핀란드 사람들 입장에서는 황당할 따름이었다. 핀란드인을 상대로 강도를 저지른 난민이 붙잡히는 일도 심심찮게 일어났다.

2016년 말 헬싱키 도심에서는 '난민들은 제 나라로 돌아가라'는 시위가 열렸다. 시위가 예고됐을 때, 한번 가 보겠다고 했더니 핀란드 친구들이 모두 말렸다. 정 가고 싶으면 절대 가까이 가지 말고 멀리 떨어져서 지켜보라고 했다. 괜히 해코지를 당할 수 있다고 신신당부했다. 나이 많은 핀란드 남성들이 주축이 된 이날 시위에는 난민들을 '더러운 짐승filthy animal'으로 지칭한 팻말까지 등장했다.

또, 이전까지는 헬싱키와 위성 도시인 반타Vantaa를 오가는 통근 기차를 탈 때는 표를 미리 사지 않아도 됐다. 기차 안에서 승무원이 지나갈 때 붙잡고 표를 살 수 있었다. 그런데 2017년부터는 기차표를 미리 사지 않으면 무임승차로 간주하기 시작했다. 일간 신문에 "난민이 늘면서 이들이 무임승차하는 경우가 많아졌기 때문"이라는 기사가 실렸다. 하지만 난민이 무임승차를 얼마나 많이 하는지에 관한 통계는 나오지 않았다. 승무원들은 무작위로 검표를 하기 시작했는데, 그 대상은 주로 외양이 핀란드 사람처럼 보이지 않는 흑인들이었다.

이와 더불어 핀란드 정부가 난민들의 출신지인 "이라크와 아프가니스탄이 이제 안정적인 정치 상황을 되찾았다"며 난민 지위 승인을 거절하는 비율이 75퍼센트에 이른다는 보도도 나왔다.

핀란드 사람들은 다시 해결책을 찾아 나서고 있다. 핀란드에 온 난민을 쫓아내는 것만이 능사가 아니라는 것을 알기 때문이다. 최근 핀란드 정부는 블록체인 스타트업 '모니'가 만든 난민 신원 관리 시스템을 도입했다. 유효 여권이 없는 대다수 난민들에게 이민국의 심사를 거친 뒤 블록체인 데이터베이스를 기반으로 디지털 신원을 부여해 주는 것이다. 자신의 신분을 증명할 수 있는 수단이 생긴 난민들은 가상 계좌와 체크 카드도 발급받을 수 있게 됐다. 정부의 난민 지원금을 계좌로 받게 되면서 일상이 편리해졌다.

하지만 이 신원 관리 시스템의 더 큰 의미는, 블록체인이라는 새로운 기술을 활용해 난민들을 핀란드 사회 제도 안으로 끌어들인다는데 있다. 핀란드에서는 임금을 현금이 아닌 계좌로만 지급할 수 있어 그동안 대부분 난민들은 일자리를 구할 수 없었다. 이제 신분과 계좌가 생긴 난민들은 취업도 할 수 있게 됐다. 공고한 신뢰를 근간으로 한 핀란드 사회 제도에 난민들이 편입되기 시작했다. 핀란드 사람들 사이의 신뢰가 이들을 향해서도 확장될 수 있을까? 지켜봐야 할 일이다.

2

인기를 포기한 어느 핀란드 정치인

한국이 1997년에 맞닥뜨렸던 경제 위기를 핀란드는 몇 년 일찍 겪었다. 1990년 소련이 무너진 뒤 핀란드의 국내 총생산 성장률IMF 기준은 1991년 -5.9퍼센트, 1992년 -3.3퍼센트, 1993년 -0.7퍼센트로 3년 연속 곤두박질쳤다. 사람들은 직장을 잃었고, 한동안 되돌아가지 못했다. 1992년부터 1999년까지 줄곧 핀란드의 실업률은 10퍼센트 이상이었다. 나라가 망하는 줄 알았던 국제통화기금 구제 금융 때인 1998년 한국은 -5.5퍼센트 성장했으나 바로 이듬해 11퍼센트 플러스 성장으로 돌아섰다. 핀란드의 위기가 한층 더 길고 깊었던 셈이다.

16.7퍼센트라는 사상 최악의 실업률을 기록한 1994년, 핀란드 국민들은 당시 서른여섯 살이었던 에스코 아호Esko Aho 중도당 당수를 총리로 선택했다. 젊은 총리는 침몰 직전의 핀란드를 떠맡아 고강도 기업 구조 조정을 밀어붙였다. 5개 저축 은행과 5개의 소규모 금융 기관이 3개 은행으로 인수 합병됐고, 인력 감축이 이뤄졌다. 수출 경쟁력을 높이기 위해 핀란드 화폐인 마르카화Markka 환율을 평가절하했다. 1995년에는 핀란드를 유럽 연합에 가입시켰다. 아동 수당을 줄이고, 기초 연금 수급 기준도 강화했다. 복지 혜택은 한번 주기 시작하면 무를 수 없다는 게 정설이다. 정치인들은 나라 살림이 어려워도 '복지를 줄이자'고 말하기 어렵다. 표가 떨어져 나갈까 두렵기 때문이다.

아호 총리 역시 국민들에게 인기 있을 리 없었다. 결국 4년 임기를 끝으로 재선에 실패했다. 하지만 취임 직전까지 역성장했던 핀란드 경제는 그가 퇴임하던 해인 1997년 6.3퍼센트 성장했다. 아호 총리는 뒤늦게나마 핀란드 경제 회복의 발판을 다진 정치인으로 재평가받고 있다. 우스갯소리로 "남 좋은 일만 했다"는 소리도 듣는단다.

정치인이 국민들의 지지를 받지 못하는 정책을 소신만으로 밀어붙이는 게 쉬운 일이 아니다. 나중에 결과가 좋았으

대중에게 인기 없는 정책을 소신껏
펼쳤던 에스코 아호 총리.
결과가 좋아 재평가받았다.
ⓒ이구슬

니 망정이지, 잘못됐다면 책임을 죄다 뒤집어썼을 것이다. 아호 총리가 환영받지 못했던 정책을 과감하게 펼칠 수 있었던 것은, 실용과 합리, 신뢰를 중시하는 핀란드인들의 국민성을 잘 알고 있었기 때문이다. 당장은 달갑지 않더라도 결국 옳은 일이라는 것을 알게 되면 자신을 지지해 줄 것으로 믿은 것이다.

헬싱키 중심가인 에스플라나디 거리의 카페 스트린베리에서 아호 전 총리를 만났다. 한국 나이로 65세. 그는 매우 바쁜 현직 세일즈맨처럼 보였다. 약속 시간에 5분쯤 늦은 아호 총리는 미안하다고 사과하며 "2시간 반쯤 떨어진 도시 투르쿠에 혼자 기차 타고 출장을 다녀오는 길"이라고 했다. 총리직에서 물러난 뒤에도 2002년까지 중도당 당수를 맡았고, 정계에서 아예 은퇴한 다음엔 미국 하버드대학교 케네디 스쿨에서 1년간 강의를 했다. 지금은 세계적인 투자 은행 JP모건 이사회 자문 위원이자, 우리가 망했다고 생각하는 그 노키아의 컨설팅 고문을 맡고 있다. 인터뷰하는 동안 아호 총리를 알아본 시민들은 서슴없이 인사를 건넸다.

Q. 1990년대 말 총리직을 수행하면서 기업 구조 조정에 나서고 유럽 연합 가입을 추진하는 등 지지자들이 싫어하는 정책을 여럿

추진했어요. 한 표 한 표가 중요한 정치인으로서 시민들의 반대에 부딪칠 때 두렵지 않았나요?

A. 정치 지도자의 역할은 장밋빛 미래가 있다고 달콤한 말을 건네는 게 아니라 국가가 처한 현실을 냉정하게 보여 주는 것이에요. 위기의 순간일수록 나무가 아닌 숲을 보는 상상력을 발휘해 후손이 따먹을 과실을 준비해 둬야 합니다. 정부가 펴는 정책이 우리 사회에 좋은 결과를 가져온다는 것을 보여 주기 전까지는 지지를 받지 못할 수 있습니다. 국민들에게 즉각적인 지지를 받지 못하더라도, 투명한 의사 결정 과정을 통해 개혁을 밀고 나가야 해요. 개혁이 결국 좋은 결과를 가져오면 국민의 신뢰가 쌓이고, 그러면 다음 정책을 추진할 수 있는 동력을 얻게 되는 것이죠.

Q. 1995년 당시 핀란드의 유럽 연합 가입은 곧 전면적인 경제 개방을 의미했습니다. 값싼 농산물이나 공산품이 들어오는 것을 걱정하는 국민들이 많았고요. 그럼에도 유럽 연합 가입이 필요했던 이유는 무엇인가요?

A. 핀란드 경제는 사실 러시아에 의존해 성장해 왔습니다. 하지만 소련이 붕괴했고, 핀란드는 첨단 산업 위주로 경제 구조를 당장 바꾸지 않으면 생존이 불가능한 상황이었습니다. 수출

활로를 뚫기 위해서는 반드시 유럽 연합 회원국이 돼야 했죠. 유럽 연합 기준에 맞춰 기업 규제를 풀고 법인세를 감면해 줬어요. 외국 기업이 핀란드에 투자할 유인을 만들어 준 것이죠. 정보 통신 기술이 국가 경쟁력의 원천이라고 보고 연구 개발에 투자를 확대했습니다. 정부 총 연구 개발 예산의 51퍼센트를 정보 통신 기술 분야에 지원했습니다. 그리고 핀란드의 생존 전략으로 교육을 강조했어요. 복지 제도를 수술대에 올렸지만 무상 교육은 그대로 유지했고, 대학을 연구 개발 기지로 바꾸어 놓았습니다. 정부와 기업 간, 기업과 대학 간의 협력 관계를 만들었습니다. 노키아가 성장 기반을 마련한 것도 이때예요. 핀란드가 2000년대 노키아를 필두로 고속 성장할 수 있었던 것은, 이처럼 변화에 미리 대비한 덕분이었습니다.

실제로 핀란드는 유럽 연합에 가입한 이듬해 4퍼센트에 가까운 성장률을 기록했고, 이후 성장세를 이어갔다. 아호 총리는 핀란드뿐 아니라 전 세계 정치 지도자들이 귀담아 들을 만한 조언도 아끼지 않았다.

Q. 핀란드는 이제 전 세계에서 복지 선진국이라는 찬사를 듣고 있습니다. 그런 핀란드도 해결해야 할 문제가 있다고 보나요?

A. 물론이죠. 핀란드는 지금 다섯 가지 주요 문제에 봉착해 있습니다. 해결하지 못하면 금세 위기가 닥칠 거예요. 첫 번째는 기술 혁명입니다. 인공 지능, 사물 인터넷, 로봇 산업 등 4차 산업 그 자체뿐만 아니라 기존 산업의 디지털화가 빨리 이뤄져야 합니다. 두 번째는 인구 문제예요. 아프리카는 인구가 경제 발전 속도보다 빨리 늘어나는 게 문제인 반면, 핀란드를 비롯한 많은 선진국에서는 인구가 줄어드는 게 걱정이에요. 고령화와 저출산의 해결책을 찾아야 합니다. 세계화되는 시장에서 핀란드 기업이 어떻게 살아남을 것인지, 난민 문제 등 지정학적 갈등에 어떻게 대응할 것인지, 지속적인 경제 성장을 위한 동력은 어디서 나올 것인지 등도 문제입니다. 이 문제는 정부 혼자 해결할 수 있는 문제가 아니에요. 정부와 민간이 더욱 협력해야 합니다.

Q. **인구 고령화와 저출산은 한국에서도 성장을 저해하는 걸림돌로 여겨지고 있어요. 해결책이 있을까요?**

A. 사회 안전망 개혁이 시급해요. 4차 산업 혁명으로 대표되는 기술 발전을 고령화와 저출산, 저성장 문제에 접목해야 합니다. 각국의 연금 제도나 실업 급여 등 현재의 복지 시스템은 산업 사회에 맞게 설계됐어요. 고령화에 따라 수혜자는 늘어나는

데 비용을 댈 납세자는 줄어듭니다. 현재의 복지 제도를 지탱하기 위한 비용은 비싸지는데, 서비스의 질은 오히려 낮아지는 것이죠. 복지 제도의 간소화는 피할 수 없을 것입니다. 하지만 관점에 따라 고령화는 우리 사회에 새로운 기회가 될 수도 있어요. 디지털 기술이 발전하고 그 시장이 매우 커졌지만, '실버 세대를 위한 디지털 시장'은 개발되지 않은 채 남아 있습니다. 잠재력이 엄청납니다. 예를 들면, 노인들에게 태블릿 PC를 공짜로 나눠 주는 것은 제대로 된 복지가 아니에요. 사용법도 모르는 이들에게 나눠 주는 건 낭비죠. 대신 발전한 기술을 노인 복지 서비스의 질을 높이고 효율화하는 데 활용해야 합니다.

최근 핀란드 스타트업 행사인 슬러시에 갔더니 '디지털 실버'라는 꼭지를 만들었더라고요. 한 스타트업이 노인의 활동량이나 건강 상태를 모니터링하고, 혼자 사는 노인이 쓰러지는 등 문제가 발생하면 즉시 동네 헬스케어 센터와 도시에 사는 자녀에게 연락이 갈 수 있도록 하는 기기를 개발했습니다. 복지사가 노인들을 매일 방문하는 대신, 이런 디지털 기기를 배치하자는 것이죠. 장기적으로 복지 지출을 줄이면서도 데이터를 모아 서비스의 질을 높일 수 있는 방안입니다.

노인 문제는 여러 대책이 나오고 있지만, 저출산 문제는 정말 어렵습니다. 나라가 부유할수록 출산율이 낮아져요. 유럽, 미국이 그랬고 일본, 한국도 그렇습니다. 저출산은 경제적인 이슈만으로 볼 수 없어요. 시민들이 어떤 가치를 더 소중하게 여기느냐의 문제이죠. 일과 삶의 균형을 어떻게 잡아 나갈 것인가는 핀란드도 여전히 풀지 못한 숙제 중 하나입니다.

Q. 복지를 줄인다고 하면 반발이 엄청날 텐데, 가능할까요?

A. 저는 지금이 복지 개혁을 추진하기에 가장 적절한 시기라고 생각해요. 10년 전 글로벌 경제 위기를 겪고, 이제 세계 경기가 되살아나고 있습니다. 핀란드도 오랫동안 침체를 겪다가 최근 성장세로 돌아섰어요. 물론 한 가지 짚어야 할 점은, 이제는 더 이상 옛날 같은 고성장이 불가능하다는 점이에요. 고령화 같은 여러 요소 때문이죠. 연 1.5퍼센트 성장이 10년 전으로 치면 3퍼센트 이상 성장하는 것이라고 봐야 합니다. 경기가 하락할 때 정부가 허리띠를 졸라매겠다고 하면, 시민들은 삶의 근간이 흔들린다고 여깁니다. 회복 중일 때 미래를 위해 개혁을 시작하는 것이라는 점을 국민들에게 설득하는 것도 정부가 할 일이에요.

고용 정책도 유연하게 움직여야 합니다. 복지 비용을 아끼는 가장 좋은 방법은 시민들이 일해서 세금을 낼 수 있도록 만드는 겁니다. 노동 참여 인구를 늘려야 해요. 기술 발달에 따라 없어지는 일자리도 많지만, 그만큼 새로운 직업도 생겨납니다. 투르쿠 등 핀란드 여러 도시에서 바이오, 조선, 관광 등 새로운 일자리가 생겨나고 있어요. 거기서는 인력을 구하지 못해 걱정입니다. 젊은이들은 수도인 헬싱키를 벗어나지 않으려 하면서 일자리가 없다고 푸념합니다. 정부는 시민들에게 다른 동네에도, 다른 업종에도 기회가 있다는 점을 알려야 합니다.

Q. 4차 산업 혁명에 대비해 정부가 해야 할 역할은 무엇인가요?

A. 제일 기초가 되는 것은 과학, 기술, 교육에 투자하는 것이죠. 4차 산업 혁명은 지식 기반 경제에서만 이뤄질 수 있어요. 정부는 기술 발달이 앞으로 사회 구조를 어떻게 바꿀 것인지 깊이 이해하고 있어야 합니다. 기술 발전에 맞게 사회 제도를 수정해야 해요. 기존의 사회 안전망을 조정해야 할 뿐만 아니라, 기업 생태계를 조성해야 합니다. 기업이 정보에 쉽게 접근하고 활용할 수 있도록 제도를 구축해 줘야 하고요.

어떤 글로벌 기업들은 정부가 필요 없다고 여기고, 나아가 적이라고 여기기도 해요. 음악이나 게임 같은 엔터테인먼트 분야라면 정부가 개입할 필요가 없을지도 모르겠습니다. 특별한 인프라나 규제, 플랫폼이 필요하지 않기 때문이죠. 하지만 사물 인터넷, 헬스케어, 금융 서비스, 교육 분야로 가면 얘기가 달라집니다. 정부가 쥐고 있는 정보를 사용하지 못하면, 기술이 아무리 발달해도 국민들에게 유용한 서비스를 제공할 수 없어요. 공공과 민간이 협력해야만 합니다.

예컨대 핀란드 정부는 국민 98퍼센트의 의료 정보를 GE에 제공하고, 헬스케어 서비스를 효율화하려고 시도하고 있습니다. 반대 급부로 GE는 핀란드에 엄청난 규모의 투자를 집행하고 있어요. 아직 이렇다 할 결과는 나오지 않았습니다. 정부가 갖고 있는 방대한 정보를 혁신적인 기업이 활용해 경제 성장을 이끌 수 있는 모델이 나와야 합니다.

Q. 앞서 언급한 데이터 산업은 국가와 기업이 개인의 데이터를 함부로 쓰지 않을 것이라는 믿음이 우선돼야 할 것 같습니다. 핀란드 사회의 '신뢰'는 어떻게 형성된 것인가요?

A. 핀란드는 러시아의 지배를 받고도 민주주의를 지켜낸 유일한 나라예요. 하지만 독립 이후 러시아와의 전쟁을 겪으면서 초토화됐죠. 1930~1940년대 핀란드는 유럽에서 가장 가난한 나라였습니다. 부의 양극화도 매우 심했고요. 그랬던 핀란드가 신뢰 사회를 구축하는 데에는 교육이 가장 큰 역할을 했습니다. 학교의 문을 모두에게 열어 준 것이죠. 이미 돈이 있는 가

정에서 태어난 사람이 좋은 학교에 가고 돈을 더 많이 벌 수 있고, 그런 사이클이 계속 됐다면 시민들 사이에 신뢰가 쌓일 수 없었을 겁니다. 무상 교육의 오랜 전통이 서로 평등하다는 의식을 뿌리내리게 했습니다. 군대 의무 복무도 마찬가지예요. 집안 배경과 상관없이 모두가 입대하고, 부자건 가난한 사람이건 서로 믿고 협력해야 문제를 해결할 수 있다는 점을 배웁니다. 서로 다른 사람들끼리 협력하고 의지할 때 좋은 결과가 나타난다는 사실을 체감할 수 있다고 생각해요.

의료 보험과 무상 교육, 연금 제도 등 평등에 기초한 정책이 높은 신뢰 수준으로 이어졌습니다. 요즘 젊은 사람들은 가끔 자기들이 누리고 있는 복지 제도가 얼마나 특별한 것인지 이해하지 못하는 경우가 많은 것 같습니다. 태어날 때부터 누렸기 때문에 당연하다고 여기지만, 전 세계적으로는 이 세 가지가 모두 가능한 나라를 찾기 어렵습니다.

아호 총리 재임 시절 태어난 이들은 이제 20대 중반이 됐다. 핀란드에서는 이 세대를 '경기 후퇴의 자녀들Children of the recession'이라고 부른다. 아마 이들은 어린 시절 부모님의 품에 안겨 저녁 뉴스에 나온 아호 총리의 얼굴을 잠깐 보았을지 모른다. 그러나 아호 총리가 뚝심으로 밀어붙인 정책들이 이들의 삶에 미친 영향은 어마어마하다. 정치인은 자신의 정책이 낳은 결과에 대해 언제까지, 어디까지 책임을 져야 할까? 아호 총리가 밀어붙인 방법 말고도 위기를 극복할 수 있는 다른 길이 있었을까? 아호 총리는 "정치인은 국민에 대해 무한한 책임을 져야 한다"고 했다.

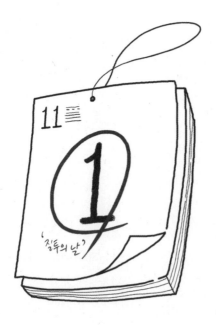

3

스스로의 정직성을 축하하는 '질투의 날'

매년 어둠이 짙게 깔린 11월 1일 새벽이 되면, 헬싱키 시내의 국세청 건물 앞에 핀란드 기자들이 줄을 선다. 핀란드 정부가 오전 8시 정각에 공개하는 '전 국민 소득 및 세금 납부 내역'을 조금이라도 빨리 보도하기 위해서다. 이때부터 일주일 동안은 전년도 고소득자 랭킹이 온라인을 뜨겁게 달군다.

2019년 11월 1일, 핀란드 경제부 장관 트위터에 핀란드 게임 회사인 슈퍼셀 창업자 겸 CEO인 일카 파나넨과 함께 찍은 사진이 올라왔다. 다음과 같은 트윗과 함께. "한 해 동안 세금을 많이 내 주셔서 감사합니다." 일카 파나넨은 2년 연속 '핀란드에서 가장 돈을 많이 번 사람'에 올랐다. 2017년

매년 11월 1일 새벽이 되면 핀란드 국세청
앞에는 이렇게 기자들이 줄을 선다.
©Dmitry Kostyukov

6,500만 유로, 2018년에는 1억 1,200만 유로를 벌어들였다. 세금으로는 소득의 51퍼센트를 냈다. 파나넨은 자신의 납세액 1위 기록을 자랑스럽게 여긴다고 했다. 그는 언론 인터뷰에서 "핀란드 사회로부터 너무나 많은 것을 받았습니다. 이젠 우리가 사회에 돌려줄 때라고 생각합니다"라고 말했다.

사실 파나넨처럼 누가 봐도 모범적이고 성실한 납세자는 핀란드 시민들 사이에서 그다지 화제가 못된다. 〈헬싱긴 사노마트〉의 투오모 피에티래이넨Tuomo Pietiläinen 기자는 "언론이 고소득자 순위를 보도하는 것은 시민들 간의 소득 격차가 너무 커지고 있지 않은지를 확인하려는 것"이라고 했다. 하지만 사람들은 어떤 유명 인사가 파산했는지, 의외의 인물이 떼돈을 벌어들였는지 등 가십거리에 더 관심을 보인다. 미국 〈뉴욕 타임스〉에 따르면, 2018년에는 핀란드에서 가장 유명한 포르노 배우 안시 비스카리Anssi Viskari가 전년도에 2만 4,000유로를 벌었다는 소식이 사람들 입에 한동안 오르내렸다. 2015년에는 〈헬싱긴 사노마트〉 기자들이 납세 내역을 파헤친 끝에 대기업 임원 몇 명이 세금을 덜 내기 위해 포르투갈로 주소를 옮겼다는 게 드러나 난리가 났다. 직장 동료나 이웃사촌의 연봉이 얼마인지 궁금해 직접 국세청에 가 보는 시민들도 적지 않단다. 역시 사람 사는 곳은 어디나 비슷한

거 같다. '사촌이 땅을 사면 배가 아프다'는 한국 속담이 핀란드 사회에도 들어맞는다.

—— 납세 정보는 공적인 정보

그래서 핀란드에서 11월 1일은 '질투의 날Jealous day'로 불린다. 전 국민 550만 명의 전년도 총소득과 세금 납부 내역이 공개되는 날이다. 누구든 국세청에 찾아가 열람을 신청하면, 다른 사람의 납세 내역을 확인할 수 있다. 전체 소득 중 근로 소득은 얼마, 자본 소득은 얼마인지도 구분해 공개한다. 핀란드 정부는 국민의 의무인 납세와 관련한 행정 정보총소득, 소득공제액, 세액공제액, 결정세액 등를 공적인 정보로 간주한다. 온라인에서는 볼 수 없고, 국세청 건물 안에서만 자료를 볼 수 있다.

핀란드는 무려 19세기 말부터 빈곤층에 대한 세금 면제가 공정하고 투명하게 이뤄진다는 것을 보여 주기 위해 개인들의 납세 내역을 공개하기 시작했다. 현재와 같은 납세 내역 공개 절차는 1950년대 들어 자리 잡은 것으로 알려져 있다. 참고로 같은 북유럽인 스웨덴과 노르웨이에서도 남의 납세 보고서를 볼 수 있지만 익명으로는 안 된다. 옆집 남자의 납세 내역을 보겠다고 열람을 신청하면, 그 남자는 내가 자기 정보를 열어 봤다는 것을 통보받는다.

물론 핀란드 사람 모두가 세금 공개를 찬성하지 않는다. 당사자 동의도 없이 '개인 정보'를 공개해 국민들의 시기심을 자극한다는 의견이다. 하지만 대다수는 '질투의 날'이 청렴, 정직이라는 핀란드 사회의 가치관이 잘 드러나는 자랑스러운 이벤트라고 생각한다. 독일 출신으로 핀란드에서 20여 년째 살고 있는 작가 로만 샤츠Roman Schatz는 '질투의 날'을 "스스로의 정직성을 축하하는 날"이라고 평가했다. 핀란드인들 스스로 "우리는 미국 사람도, 독일 사람도 못하는 정보를 공개한다. 우리는 정직하고 좋은 사람들이다"라며 투명성에 대한 환상을 재생산한다는 것이다. 조금 냉소적인 표현이기는 하지만, 나는 핀란드 정부가 인간이라면 누구나 가지고 있는 '질투'라는 감정을 잘 이용해 사회의 투명성을 확보하고 있다고 생각한다.

실제로 핀란드인들은 세무 당국을 기꺼이 신뢰하고 있다. 2019년 9~10월 핀란드 국세청이 전국의 15~74세 시민 1,000명을 인터뷰했는데, '복지 국가를 유지하기 위해 내가 세금을 내는 것이 중요하다'는 데 동의하는 비율이 98퍼센트에 달했다. 놀라운 결과다. 78퍼센트는 '자신이 지불하는 세금만큼 국가로부터 서비스를 되돌려 받는다'고 생각했고, 정부의 과세 결정이 정확하다고 믿는다는 응답이 81퍼센트였다. 조사를 맡았던 국세청 담당자 얀네 미리Janne Myyry는 "세금 부과가 공정하게 이뤄지고 있다고 보는 시민들이 점점 증가하고 있습니다"라고 말했다.

미국의 외교 전문지 〈포린 폴리시Foreign Policy〉는 "세금 정보를 투명하게 공개하는 것은 세금에 기반해 복지 제도를 운영하는 핀란드의 국가 기능 유지에 필수적"이라고 분석했다. 핀란드 정부가 국민 총소득의 40퍼센트 이상을 세금으로 거둬들이는데도, 국민들이 별 불평 없이 세금을 내는 이유가 과세 정보 공개 때문이라는 것이다. 정부가 이 정도로 투명하게 정보를 공개하는 것을 보니, 과세 제도가 누구에게나 공평하게 작동하지 않겠느냐는 믿음이 커진다는 의미다.

—— 투명성을 의심받는 순간 정치 생명도 끝

핀란드 사회는 특히 정부와 정치인들에게 가혹하리만치 정직성을 요구한다. 2003년 안넬리 야텐마키Anneli Jaatteenmaki 총리가 국회에서 '미심쩍은 태도'로 대답했다는 이유로 두 달 만에 사임한 이야기는 놀라울 정도다. 중도당 당수였던 야텐마키는 2003년 4월 17일 총선에서 승리해 총리직에 올랐다. 핀란드 최초의 여성 총리였기 때문에 국내외 언론의 큰 주목을 받았다.

그런데 야텐마키가 선거 유세 도중 외무부의 기밀 외교 문서에 담긴 내용을 말했던 게 문제가 됐다. 야텐마키는 전임 총리였던 파보 리포넨Paavo Lipponen, 사회민주당 대표이 조지 W. 부시 미국 대통령에게 "이라크 전쟁을 지지한다"고 말했다는 내용이 담긴 기밀문서가 있다고 폭로했다. 그러고는 "비밀리에 미국의 전쟁을 지지하기로 한 것은 핀란드의 오랜 '중립 전통'을 깬 것"이라고 비판했다.

한편으로는 야텐마키가 정부의 외교 안보 문서를 공개하고 비판한 것 역시 정치인으로서 '침묵의 전통'을 깬 것이라는 반발도 나왔다. 러시아와 나토NATO 사이에 끼어 있는 핀란드는 제2차 세계 대전 이후 철저히 중립을 지켜 오고 있다. 정치인이라고 하더라도 함부로 민감한 안보 관련 정책을 드러내 놓고 지적하지 않는다. 다른 나라가 국내 갈등을 악용할 가능성이 있다고 보기 때문이다. 하지만 어찌됐든 그녀의 공격적인 선거 전략은 먹혔다.

총리로 취임한 뒤 국회에서 야텐마키에게 그 외교 문서의 출처를 물었다. 신임 총리는 "나에게는 두 귀가 있어서 모든 종류의 이야기를 듣습니다 I have two ears and I've heard all kinds of things"라고 답했다. 대통령 고문으로부터 기밀문서를 건네받은 게 아니냐는 추궁을 당하자, "내가 요구하지 않았는데 그게 '서프라이즈'처럼 왔다 They came to me unrequested and as a surprise"고 말했다. 두루뭉술한 두 표현 때문에 야텐마키 총리는 즉각 국민들의 거센 반발에 직면했다. 질문에 정직하게 대답하지 않고 모호하게 흐린 것을 보니 정치인으로서 그녀를 믿을 수 없다는 반응이었다. 곧장 중도당과 연합 정부를 구성했던 스웨덴인당과 사민당이 지지를 철회했다.

야텐마키는 그제야 "내가 이 문서를 구체적으로 요청한 적이 없습니다. 3월에 사무실 팩스로 들어왔는데, 기밀문서인 줄도 몰랐습니다"라고 자세히 해명했지만, 이미 상황은 종료됐다. 그녀가 사임하지 않으면 정부를 구성할 수 없는 지경에 이른 것이다. 야텐마키는 잘못을 인정하지 않았지만, "정치적 신임이 부족"해 더 이상 총리직을 수행할 수 없다며 6월 23일 사임했다. 그녀가 뒤늦게 내놓은 해명은 사실로 드러났다.

따져 보면 별일도 아니었다. 처음부터 솔직하게 기밀문서를 취득한 과정을 털어놓았다면 일이 커지지 않았을 가능성이 높았다. 하지만 핀란드 국민들은 신임 총리에게 엄격한

투명성을 요구했고, 국민의 기준에 부합하지 못한 야텐마키
는 물러나야 했다.

핀란드 사회의 밑바탕에 깔린 '신뢰'는 이런 철저한 투명
성에 기초한다. 2018년 국제투명성기구의 부패인식지수에
따르면, 핀란드는 전 세계 180개국 가운데 3위다. 참고로 한
국은 45위다. 핀란드 사람들은 규칙에 따라 행동하고, 남들
도 그럴 것으로 기대한다. 누구도 자신의 소득을 감추지 않
는다. 세금을 납부하지 않기 위해 애쓰지도 않는다. 이들은
적극적으로 거짓말을 하는 것뿐 아니라, 무언가를 일부러 말
하지 않는 것 역시 신의를 저버리는 행위라고 생각한다. 사
회를 유지하는 '상식'인지도 모른다.

물론 신용을 저버리거나 이용하려는 사람이 나타나기도
한다. 핀란드 사람들은 신의를 저버린 사람이 다시는 공동체
에 발붙이지 못하도록 만드는 방식으로 이 상식을 지켜 나가
고 있다. 인정人情에 이끌려 사정을 봐주는 일은 없다. 야텐
마키는 이후 경찰 조사와 재판을 거쳐 '무죄' 판결을 받았지
만, 다시는 '핀란드' 정계로 돌아오지 못하고 유럽 의회를 맴
돌았다.

4

시민의 신뢰를 업고 원전을 늘린다

핀란드에는 원자력 발전소 4기가 돌아가고 있다. 올킬루오토Olkiluoto 1, 2와 로비사Loviisa 1, 2다. 올킬루오토 두 개 원전은 가동된 지 40년이 넘었는데 최근 수명을 연장했다. 핀란드 경제고용부에 따르면, 핀란드는 생산 전력의 34퍼센트, 수입해 쓰는 전기까지 포함한 전력 사용량으로 따지면 25퍼센트를 원전에 의존하고 있다. 한국 에너지경제연구원에 따르면, 2018년 한국에서 생산된 전력의 23.4퍼센트가 원전에서 나왔다. 원전에 반대하는 정부가 들어서기 전인 2016년에는 이 비율이 28.4퍼센트였다.

한국과 반대로 핀란드는 원전을 추가 건설하고 있다. 올

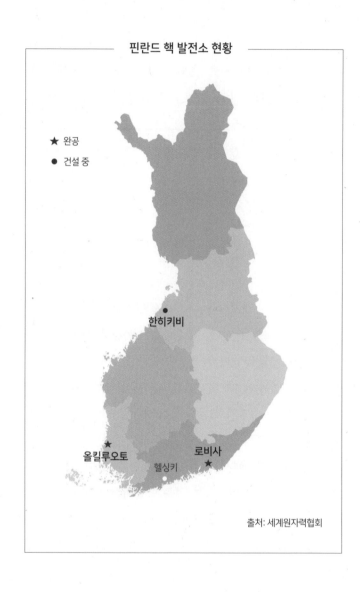

핀란드 핵 발전소 현황

★ 완공
● 건설 중

한히키비

올킬루오토

로비사

헬싱키

출처: 세계원자력협회

킬루오토의 세 번째 원전이 2020년 가을부터 가동을 시작한다. 대도시인 오울루와 멀지 않은 피하요키Pyhajoki에서는 새 원자로 한히키비Hanhikibi 1을 건설하고 있다. 핀란드 정부는 이를 통해 현재 25퍼센트 수준인 원전 의존도를 35퍼센트 수준으로 늘린다는 계획이다. 스웨덴, 러시아 등 인접국에서 수입하는 전력 비중을 줄이고, 온실가스를 배출하는 화석 연료 발전을 0으로 만들기 위해서다.

올킬루오토 원전이 있는 에우라요키Eurajoki 시에는 세계 최초 핵 연료 영구 폐기 시설 온칼로Onkalo도 건설 중이다. 깊이 427미터, 길이 6킬로미터의 방사성 폐기물 처리장은 2024년 완공이 목표다. 사용 뒤에도 수만 년간 방사선을 내뿜는 플루토늄 같은 핵 폐기물을 10만 년 동안 땅 속 깊이 묻어 놓으려는 것이다. 핀란드 정부는 이 시설을 짓고 관리하는데 100년간 35억 유로4조 5,000억 원를 투입할 계획이다. 핀란드 정부는 무려 17년에 걸쳐 지반이 안정적인 부지를 물색했고, 2000년 에우라요키를 최종 낙점했다. 에우라요키 시의회는 압도적인 찬성으로 이를 받아들였고, 핀란드 의회도 159대 3으로 찬성했다.

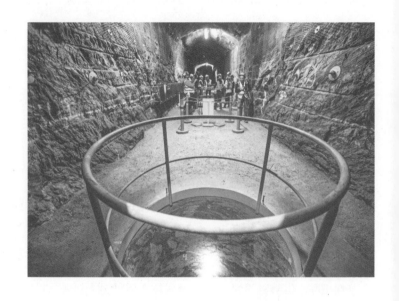

핀란드 서쪽 에우라요키에 건설 중인
핵 연료 폐기물 처리장 온칼로. 지하
427미터 깊이에 땅굴을 파고 핵 폐
기물을 10만 년간 격리할 예정이다.
©포시바

—— 탈원전 주장하는 녹색당이 원전을 찬성?

한국 정부는 독일이나 스웨덴 등 선진국이 탈원전으로 가고 있다는 자료를 발표하고 있다. 그래서 핀란드에서 원전을 새로 짓고 있다는 뉴스에 의문이 들었다. 세계 어느 국가보다 환경 보호에 앞장서는 나라 아니던가? 핀란드는 왜 원전을 추가 건설하는 걸까? 핀란드 정부가 내놓은 '2050 장기 에너지 수급 계획 보고서'를 찾아봤다. 그런데 원자력에 대해 할애한 분량은 채 1쪽도 안 됐다.

> '앞으로도 원자력 에너지는 핀란드의 에너지 수급에 중요한 역할을 해 나갈 것이다.'
> '현재와 같은 정책을 유지할 것이다.'

끝?

의문이 해소되지 않아서 경제고용부의 원자력 에너지 담당자 요르마 아우렐라Jorma Aurela 수석 엔지니어를 만나러 갔다. 핀란드 로비사 원전에서 20년 넘게 근무한 원자력 에너지 전문가로, 핀란드 내 원전 허가를 관할하는 실무 책임자다. 2007년에는 국제원자력기구IAEA 소속 안전점검단OSART의 일원으로 한국에 3주간 머물며 전남 영광의 한

빛원자력발전소 점검에도 참여했다. 그는 "핀란드 정부는 원전을 탄소를 배출하지 않는 깨끗하고 합리적인 에너지원으로 보고 있습니다. 현재 가동중인 원전 4기 덕분에 연간 2,000만 톤의 탄소 배출을 막고 있으며, 2020년부터 새 원전 1기가 가동되면 1,000만 톤을 추가로 감축할 수 있습니다"라고 말했다. 그러고는 "핀란드의 원자력 발전 의존도는 앞으로 최소 80년 이상 현행 수준을 유지할 것"이라고 덧붙였다.

그는 한국 정부의 탈원전 결정에는 고개를 저었다. 핀란드 정부를 대표해 인터뷰하는 것이기 때문에 "한국 정부는 자국의 탈원전을 결정할 권리를 가지고 있어요. 하지만 60년 이상 가동하는 원전을 폐쇄하는 정책 결정에는 책임감을 가져야 합니다"라는 정도로 반영해 달라고 했다. 하지만 원자력 전문가로서는 "탈원전 이후 한국의 고도화된 경제를 감당하기 위한 에너지 대책이 없지 않나요?"라고 꼬집었다. 물론 요르마는 핀란드에서 원전을 짓자고 주장하는 사람이자, 원자력 정책을 추진하는 공무원이다. 당연히 원전의 필요성과 안전성을 옹호할 수 밖에 없는 입장이다.

그러던 중 핀란드 녹색당Green party의 야케 마켈라Jakke Makela 과학기술분과 부위원장을 비롯한 시 의원 몇 명이 단체로 '이상한' 성명서를 낸 것을 발견했다. 녹색당의 상징과

도 같은 반反원전 당론에 반기를 드는 성명서였다. 내용은
이랬다.

'녹색당은 오랫동안 반원자력Anti-nuclear의 전통을 지켜 왔다.
그러나 녹색당은 또한 '열린 토론'의 전통 또한 오랫동안 지켜 왔
다… 이산화탄소 배출을 줄이는 것이 급선무다. 가장 중요한 목
표는 화석 연료를 없애는 일이다. 2045년 탄소 제로 목표를 실현
하기 위해서는 원전을 더 짓는 수밖에 없다.'

북극에 가까운 핀란드는 지구 온난화의 영향을 직접 체감
한다. 겨울에 얼어붙는 바다 면적이 줄어드는 게 눈으로 보
이고, 크리스마스에 눈이 쌓이지 않는 것을 한탄한 지도 몇
년째다. 환경 보호에 민감할 수밖에 없는 핀란드가 친환경
에너지로 찾은 게 원전이었다.

여러 사정이 있다. 핀란드에는 노르웨이나 스웨덴에 비해
큰 강과 산이 부족하다. 같은 북유럽이라도 노르웨이는 수력
발전 비중이 96퍼센트나 되는데, 핀란드는 25퍼센트에 불과
하다. 북부 지역에 수력 발전소가 일부 있긴 하지만 낙차가
적어 발전소당 발전량이 노르웨이나 스웨덴의 10분의 1 수
준에 불과하다. 게다가 자연 보호를 위해 더 이상은 댐을 건

설하지 못하도록 하는 법도 이미 1970년대에 제정됐다. 태양광 발전은 보조적인 수단일 뿐, 해가 없는 겨울에는 작동이 불가능하다. 모아 둔 태양광을 장기간 보존하는 기술이 발달되기를 기다려야 한다. 풍력 발전은 숲을 파괴하고 소음 공해를 일으키기 때문에 오히려 주민들이 반대한다. 바이오 에너지는 화석 연료를 대체하기에는 너무 많은 탄소를 배출한다. 또, 길고 추운 겨울 탓에 1인당 에너지 소비량이 세계 5위인 핀란드로서는 20퍼센트에 달하는 해외 의존도를 줄이고 안정적으로 전력을 생산하고자 하는 의지가 강하다. 다행히 지질학적으로 핀란드의 위치가 안정적이라 일본처럼 지진, 해일이 원전을 덮칠 가능성이 적다.

—— **17년의 논의, 68퍼센트의 찬성**

핀란드 사람들은 1986년 헬싱키에서 불과 1,400킬로미터 떨어진 러시아 체르노빌에서 발생한 원전 사고를 기억한다. 그럼에도 이들은 '원전 없이는 온실가스 감축도 없다'는 사정을 이해하고 있다. 시민들이 핀란드 정부가 짓는 원전의 안전성을 신뢰하고 있기 때문에 가능하다.

내가 알고 지냈던 한 핀란드 선생님은 "원전이 없으면 더 좋을 수도 있지만, 탄소 배출을 줄이는 게 최우선이에요. 원자력을 대체할 에너지원이 나타나지 않는 한 어쩔 수 없죠"라고 말했다. 여행사에 다니는 시니 푸나이넨 씨는 "체르노빌이나 후쿠시마 이야기를 읽다 보면 겁이 나는 것도 사실이에요. 하지만 러시아와 달리 우리나라 정부는 위험 요소를 안전하게 관리하고 있을 것이라고 생각해요"라고 했다. 여섯 번째 원전 부지로 선정된 피하요키에서는 주민 68퍼센트가 원전 건설에 찬성했다. 정부는 원전이나 방사능 폐기물 처리장 부지 인근 주민들에게 어떠한 보상책도 제공하지 않는다. 그런데도 주민들은 일자리가 늘고 경기가 살아날 것을 기대하며 원전 유치에 적극적이다. 현지 언론 보도에 따르면, 주민 마티 오호보 씨는 "오랫동안 안전하게 원전을 운영해 온 정부와 원전 기업에 믿음이 있다"고 했다.

반대가 없었던 것은 아니다. 특히 동일본 대지진이 일어났던 2011년에는 핀란드 시민들의 불안감도 높아졌다. 핀란드 정부는 핀란드와 일본의 자연환경 차이, 핀란드 원전 기술의 우수성과 안전성을 홍보했다. 극적인 예로 핀란드국립기술연구소VTT는 연간 약 20발의 미사일을 원전 외벽과 같은 재질을 향해 발사한다. 만약 비행기가 원전 외벽에 충돌할 경우에도 원전이 무사히 버틸 수 있는지 확인하기 위해서다.

요르마 엔지니어가 원전에 반대하는 시민들을 존중하는 태도도 인상적이다. 그는 "시민들을 설득하고 정확한 정보를 제공하는 게 중요한 업무 중의 하나예요"라며 자신의 핸드폰 번호를 홈페이지에 공개하고 있다. 시민 누구라도 원전 정책에 대해 질문이나 반론을 해 오면 거기에 응대한다. 요르마는 "정부가 잘못된 결정을 내릴 수도 있지만, 잘못을 인지하면 빠르게 인정하고 바로잡는 데서 정책과 정부에 대한 신뢰가 나옵니다"라고 말했다.

한국은 원전 폐지 정책을 두고 시민 사회와 학계, 원전 업계, 정부가 수년째 갈등을 빚고 있다. 시민들은 "각자 다른 소리를 하는데, 누구 말을 믿어야 할지 모르겠다"고 한다.

핀란드에서는 소모적인 논쟁이 벌어지지 않는다. 신뢰가 있기 때문이다. 상호간의 신뢰가 쌓인 관계에서는 상대의 기대를 벗어나는 행위를 하지 않는다. 그럼으로써 상대의 행위를 예측할 수도 있다. 핀란드 시민과 핀란드 정부는 서로의 기대를 저버리는 일을 하지 않을 것이라는 탄탄한 믿음을 갖고 있다. 정부에 대한 시민들의 신뢰는 핀란드 사회의 효율성을 높인다.

원전을 짓기로 하면 수년간 전문가들의 논의, 지역 주민들의 의견 수렴을 거친 뒤 정부 책임하에 결정을 내린다. 온칼로 방사능 폐기물 처리장 부지를 확정하는 데에는 무려 17년이 걸렸다. 처음 의사 결정 과정에서는 시일이 오래 걸리지만, 결정이 되고 나면 끝까지 밀고 나간다. 핀란드 사람들은 스스로를 "부정적인 결과를 가져올 가능성에 대해서 하나씩 따져 보느라 타이밍을 놓치는 게 단점"이라면서도 "한번 시작하면 결과를 볼 때까지 좌고우면하지 않는 게 강점"이라고 평가한다. 정부가 공동체에 필요한 정책을 합리적인 과정을 거쳐 추진하는 것이라고 믿기 때문이다.

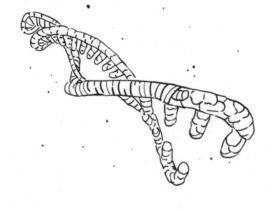

5

'3조 원짜리 신뢰'에서 핀란드의 미래를 보다

헬싱키에서 내가 살던 집은 핀란드 힙스터들의 성지 칼리오Kallio의 북쪽 끝자락에 있었다. 큰길 하나만 건너면 발릴라Vallila라는 동네가 시작된다. 핀란드의 정보 기술 및 헬스케어 스타트업들이 옹기종기 모여 있어 '실리콘발릴라Siliconvallila'라고도 불린다. 미국의 실리콘 밸리에서 따온 이름이다.

어느 봄날 이곳에 자리 잡은 GE 헬스케어 이노베이션 빌리지Healthcare Innovation Village를 찾아갔다. 핀란드에서 45년째 사업을 영위하고 있는 글로벌 기업 GE 헬스케어의 핀란드 지사가 소유한 건물이다. 이 회사는 병원에서 환자 상태를 체크할 수 있는 모니터링 기술을 주로 개발해 왔다. 환자의 혈압이나 심장 박동수, 산소 포화도 등을 그냥 보여 주기만 하는 게 아니다. 예를 들면, 모니터링 결과와 마취 기계를 연결해, 환자의 건강 상태에 적합한 양의 마취제를 투여하도록 하는 등 시스템을 점점 고도화했다. 앞으로는 이런 시스템을 모바일로 만들어, 의사가 환자 상태를 원격으로 점검하고 진료, 처방할 수 있도록 하는 게 목표다.

그런데 이 건물에는 GE 헬스케어 말고도 디지털 헬스 분야의 핀란드 스타트업 30여 개가 입주해 있다. 환자의 뇌파를 분석해 우울증을 진단하고 치료하는 기술을 한국 포함해 전 세계 15개국에 수출하고 있는 유망 스타트업 '소마Sooma'도 이곳에 있다. 스타트업 한 곳당 입주 비용은 월 100유로. 넓은 사무 공간과 회의실, 휴게실을 사용할 수 있고, 커피도 무제한 제공한다. GE 헬스케어는 테스트 과정에서 사용한 고가의 장비를 돈 없는 스타트업이 사용할 수 있도록 빌리지에 기증하기도 했다. 놀라운 점은 스타트업 보육 센터와 GE 헬스케어가 건물 한 층을 완전히 공유하고 있으며, 스타트업 직원들이 가진 출입증으로도 GE 헬스케어 사무실에 자유롭게 방문할 수 있다는 것이었다. 보안이 생명인 기술 기업에서 흔히 보기 어려운 광경이다.

핀란드 헬싱키에 자리 잡고 있는 GE 헬스케어 빌리지. ©GE

과거 노키아 재무 담당자였던 미코 카우피넨Mikko Kauppinen 이 이 빌리지의 대표를 맡고 있다. 빌리지를 한 바퀴 돌며 설명을 해 준 그는 "사람들을 따로 떨어뜨려 놓을 거라면 이런 빌리지를 만들 필요가 없죠. 보안보다는 협력이 혁신에 도움이 됩니다"라고 그 이유를 설명했다. 전 세계적인 대기업인 GE 헬스케어 직원들과 이제 걸음마를 뗀 스타트업 직원들이 장벽 없이 교류할수록 창의적인 아이디어가 나올 것이라 기대한다는 얘기였다.

GE 헬스케어는 이 빌리지에 무려 2,850만 유로약 371억 원를 투자했다. 3년 동안 100명이 넘는 엔지니어를 핀란드에서 고용했다. 입주 기업이 성과를 내면 추가로 자금을 투자할 계획이다. GE의 뒤를 이어 글락소스미스클라인GSK, 화이자, 머크 등 글로벌 제약사들도 수천만 유로에 달하는 연구 개발 자금을 핀란드에 투자하고 나섰다.

—— 의료 정보 규제 풀자, 글로벌 투자 몰려

핀란드 헬스케어 산업에 글로벌 자금이 모여드는 이유는 단 하나다. 민간 기업이 바이오 기술을 연구 개발하는 데 핀란드 국민들의 의료, 생체 정보를 마음껏 활용할 수 있기 때문이다. 의료 정보는 개인 정보 중에서도 가장 민감한 정보로, 의료 기관과 본인을 제외한 제3자는 접근하기 힘들다. 핀란드 정부는 1960년부터 전 국민의 의료 기록을 데이터베이스database로 구축해 왔는데, 지난 2013년부터 이 정보를 공공, 민간 가리지 않고 연구 목적으로 활용할 수 있도록 개방했다. 이름, 성별, 나이, 직업 등 개인 신상 정보, 진료 및 처방 기록이 이 데이터베이스에 저장돼 있다. 국민이 자신의 정보가 활용되는 것을 명시적으로 거부하지 않는 한, 모든 의료 기록이 자동 저장된다. 현재 이 '정보의 호수data lake'에는 핀란드 전 국민 98퍼센트의 정보가 모여 있다. 정보 활용을 거부한 국민은 2퍼센트에 불과하다.

핀란드 정부는 여기서 그치지 않았다. 2017년 말 핀란드 정부는 국민의 유전 정보 데이터베이스를 구축하는 '핀젠FinnGen 프로젝트'에 착수한다고 발표해 세계를 놀라게 했다. 핀젠은 '핀란드인Finnish'과 '유전자Genome'의 합성어다. 2023년까지 총 5,900만 유로를 들여 핀란드 국민 10퍼센트에 달하는 50만 명의 유전자 정보를 수집하고, 이를 분석해 인간 유전자 지도를 만들겠다는 계획이다. 2019년 말까지 약 32만 명의 유전자 샘플을 이미 수집했고, 이 가운데 절반 이상은 분석까지 마쳤다. 게놈 지도가 완성되면 핀란드인이 잘 걸리는 질병을 미리 예측하고 예방할 수 있다. 유전자 특성에 따라 더 잘 듣는 '맞춤형' 약을 개발할 수도 있다.

하지만 장밋빛 미래만 기다리는 것은 아니다. 만에 하나 정부나 기업이 유전자 데이터를 악용할 경우 어떤 끔찍한 일이 벌어질지 모른다. 우월한 유전 인자만 모아 '슈퍼 인간'을 만들고, 일반 인간은 2등 시민이 되는 공상 과학 영화 속 모습이 현실이 될 수도 있다. 다른 나라에서는 쉽사리 이런 사업이 추진되지 못하는 이유가 여기에 있다. 정보 유출이 일어나지 않을 것이라고 100퍼센트 장담할 수 없기 때문이다.

의료 데이터도 마찬가지다. 개인이 언제 어디가 아파 무슨 치료를 받았는지 유출이라도 되면 온 나라가 뒤집어질 게 분명하다. 이런 우려 때문에 우리나라는 유전자 데이터베이스 구축은커녕 공공 의료 데이터 활용조차 불가능하다. 국민건강보험공단에 방대한 의료 데이터가 쌓여 있지만 전 세계에서 가장 강력한 수준의 개인정보보호법에 막혀 누구도 이를 활용할 수 없다.

핀란드에서는 정부가 나서서 국민의 의료 및 유전자 정보를 활용할 수 있도록 길을 열었다. 2013년에는 민간 기업이 의료 정보를 수집하고 활용할 수 있도록 '바이오뱅크법'을 국회에서 통과시켰고, 2019년에는 수집한 정보를 연구 목적 외에도 사용할 수 있도록 하는 '사회 의료 정보의 2차 활용법'을 제정했다. 둘 다 핀란드 사회복지부가 발의한 법률이다. 고령화 시대의 미래 먹거리가 헬스케어 및 바이오 산업에 있다고 보고, 그 기술을 핀란드가 선점하기 위해 앞장선 것이다.

그 결과 글로벌 제약 바이오 기업이 핀란드에 돈을 싸 들고 몰려오기 시작했고, 관련 스타트업도 줄지어 등장했다. 핀란드 통계청에 따르면, 2018년 핀란드의 헬스케어 분야 수출액은 22억 9,000만 유로약 3조 원로, 전년보다 4.3퍼센트 성장했다. 앞으로 헬스케어 산업이 핀란드의 미래를 이끌 성장 동력이 될 것이라는 기대감이 높다.

—— 핀란드의 진짜 힘은 '신뢰'

핀란드의 미래를 이끄는 것은 과연 헬스케어 산업 그 자체일까? 그렇지 않다. 핀란드의 미래를 밝게 비추는 근본적인 힘은 핀란드 사회 전반에 깔린 신뢰에서 나온다. 신뢰가 바꾸는 미래라니, 손에 잡히지 않는 추상적인 소리로 들릴지 모르겠다. 하지만 핀란드가 의료 정보 규제를 푸는 과정에서도 '신뢰'는 자기 역할을 해냈다. 경제 발전을 위해 개인의 의료 기록과 유전자 정보를 개방하려는 정부, 이 정보를 활용해 바이오 신기술과 신약을 개발하려는 기업은 전 세계 어디에나 있을 것이다. 그러나 이들을 기꺼이 신뢰하는 국민은 만나기 힘들다. 핀란드인들은 정부와 기업이 국민의 데이터를 악용하거나 유출하지 않고, 인간의 삶을 더 낫게 만들 기술을 개발하며 산업을 발전시키려는 선의로 활용할 것이라고 **믿는다**. 국민들이 꼭 알아야 할 정보는 제때 투명하게 제공될 것이라고도 **믿는다**.

예컨대 자신의 유전자 정보를 핀젠 프로젝트에 제공한 핀란드인은 자기 정보가 어디에 어떻게 쓰이고 있는지 웹 사이트에서 언제든 확인할 수 있다. 어떤 기업에서 어떤 목적으로 자신의 정보를 열람했는지 기록이 모두 남아 있기 때문이다. 또, 만약 누군가가 나쁜 마음을 품고 데이터를 빼돌리려 하더라도, 촘촘한 시스템에 걸릴 것이라고 생각한다. 핀란드 국영 방송 〈YLE〉에 따르면, 핀란드 정부는 '데이터 보호 옴부즈맨' 제도를 운영하고 있다. 옴부즈맨 부서에서는 각 기업들이 의료 정보를 어떤 목적으로 어떻게 활용하고 있는지, 예상되는 영향 등을 일일이 검토한다. 평가 결과가 부적합하다고 판단되면 해당 기업이 데이터에 접근하는 것을 제한할 수 있는 권한도 갖고 있다.

핀란드 국회 산하의 연구 기금 '시트라Sitra'도 의료 정보 규제를 푼 새로운 법률과 바이오뱅크, 핀젠 프로젝트가 성공적으로 운영되고 있는 요인 중 하나로 '신뢰'를 꼽았다. 헬리 파리카Heli Parikka 연구원은 2019년 보고서를 통해 "정부와 기업이 민감한 정보를 다룰 때 대중의 신뢰를 유지하는 일은 필수적이다. 핀란드 사람들이 정부에 대한 매우 높은 수준의 신뢰를 형성하고 있었던 게 이번 프로젝트에 대한 높은 지지와도 연관이 있는 것으로 드러났다"고 밝혔다. 다시 말해, 핀란드가 2018년 헬스케어 수출로 벌어들인 3조 원은,

핀란드 국민들이 정부와 기업에 보낸 신뢰의 경제적 가치와 다름없다.

데이터가 곧 원유가 된다고들 한다. 가까운 미래에 의료 정보를 포함한 온갖 '빅 데이터'가 원유처럼 경제적 가치를 창출하는 원천이 될 것이라는 예측이다. 데이터 원유를 잘 가공해 경제적 자산으로 만들기 위한 필수 요소는 다름 아닌 사회 구성원의 '신뢰'다. 덴마크 오르후스대학교 크리스티안 베른스코우Christian Bjørnskov 교수는 "사회적 신뢰가 국가 경제의 장기적 발전에 영향을 미칩니다. 신뢰 수준이 높은 사회일수록 첨단 산업 역시 훨씬 더 앞서가죠"라고 주장한다. 숙련도가 높은 직무일수록 직원이 일을 잘하고 있는지 확인하기 어려워 상호 신뢰가 훨씬 더 중요하기 때문이다.

현재 핀란드 앞에는 여러 장애물이 놓여 있다. 유럽 경제 상황이 녹록치 않고 일자리는 여전히 부족하다. 고령화는 복지 비용의 막대한 증가로 이어질 수 있다. 이민자들로 인한 문화적 혼란에도 아직 적응하는 중이다. 그럼에도 핀란드 사회의 기저에 깔린 두터운 신뢰가 깨지지 않는 한, 핀란드의 미래는 밝다. 신뢰를 바탕으로 또다시 핀란드만의 길을 찾아갈 것이기 때문이다.

●
에
필
로
그

만족하는 법을 아는 사람들

핀란드는 세계에서 가장 행복한 나라다. 유엔이 정한 순위가
그렇다. 유엔의 2019년 세계 행복 보고서 World Happiness Report
에 따르면, 핀란드는 덴마크, 노르웨이, 아이슬란드를 제치고
2년 연속 1위를 차지했다. 옆 나라 스웨덴은 7위에 올랐다.
부럽게도 이 목록 상위권은 늘 북유럽 나라들끼리 앞서거니
뒤서거니 한다.

'1위 행복 국가'라는 소식에 핀란드 사람들은 대체로 자랑
스러워하는 분위기다. 핀란드 언론들은 앞다퉈 이 소식을 대
서특필했고, 사람들은 그 기사를 페이스북을 비롯한 소셜 미
디어에 퍼다 날랐다. 1917년 러시아로부터 갓 독립한 유럽

― 2019 세계 행복 보고서 ―

*괄호 안은 전년도 순위

1위	핀란드 (1위)	6위	스위스 (5위)
2위	덴마크 (3위)	7위	스웨덴 (9위)
3위	노르웨이 (2위)	8위	뉴질랜드 (8위)
4위	아이슬란드 (4위)	9위	캐나다 (7위)
5위	네덜란드 (6위)	10위	오스트리아 (12위)

최빈국이 1세기 만에 세계에서 가장 행복한 나라가 됐다니 그럴 법도 하다. 일제 강점기와 한국전쟁 뒤 경제 성장을 이뤄낸 '한강의 기적'을 우리가 자랑스러워하는 것과 비슷한 감정이리라.

참고로 한국은 조사 대상 155개국 중 54위를 차지했다. 2018년보다는 3계단 올라갔다. 역시 이 나라를 탈출해 핀란드로 이민을 가는 게 정답일까? 모조리 한국을 떠나 북유럽으로 이민을 가면 행복해질까? 한국인들로 들어찬 북유럽은 여전히 행복한 동네일까?

무엇 때문에 핀란드 사람들은 행복한 것일까? '돈이 많아
서'라고 한다면 반쯤 맞는 답이다. 핀란드는 부유한 국가다.
세계은행에 따르면, 2018년 기준 핀란드의 1인당 국민 소
득GNI은 4만 7,750달러로, 경제협력개발기구 회원국 평균3
만 9,989달러보다 월등히 높다. 하지만 핀란드보다 잘사는 나
라가 여럿이다. 노르웨이의 1인당 국민 소득은 8만 달러가
넘고, 덴마크는 6만 달러, 스웨덴은 5만 5,000달러다. 돈을
기준으로 삼으면, 핀란드가 이웃 북유럽 국가들을 쉽사리 제
치기 어렵다. 게다가 미래 전망을 생각하면 더욱 녹록치 않
다. 핀란드의 경제 성장률은 2016~2018년 잠시 2퍼센트대
로 올라서는 듯했지만, 2019년 다시 1퍼센트 초반대로 꺾였
다. 2020년엔 더 떨어질 수 있다는 핀란드 중앙은행의 보고
서도 나왔다. 저성장 고령화라는 구조적 문제에 발목을 잡혔
기 때문이다. 청년 실업률도 유로존 평균을 웃돈다. 핀란드
인들이 세상에서 가장 행복한 이유를 '돈'만으로 설명할 수
없다는 이야기다.

세계 행복 보고서 작업에 참여한 저명한 경제학자 제프리
삭스Jeffrey Sachs 역시 미국의 사례를 들어, 부유함과 행복감이
정비례 관계가 아니라고 설명한다. "미국은 세계에서 가장

높은 국내 총생산을 기록하고 있지만, 미국인들의 건강 상태가 악화되고 사회 및 정부에 대한 신뢰가 줄어들고 있어 덜 행복해졌습니다." 2018년 세계은행에 따르면, 실제로 세계 최강대국 미국은 1인당 국민 소득이 6만 2,850달러에 이르고, 성장률은 매년 2퍼센트를 넘는다. 하지만 미국의 2019년 행복 순위는 19위로 전년보다 한 계단 더 내려갔다. 역시 돈은 행복의 필요조건이지만 충분조건은 아닌가 보다.

그렇다면 '복지' 시스템 덕분일까? 행복론에 일가견이 있는 덴마크의 행복연구소The Happiness Research Insitiute는 "핀란드인들은 부wealth를 행복wellbeing으로 바꾸는데 능숙하다"고 평가했다. 핀란드가 북구에서 가장 부자는 아니지만, 개인의 자유와 일과 삶의 균형을 뒷받침하는 사회 안전망을 만들어 둔 덕분에 행복하다는 분석이었다. 하지만 경제협력개발기구는 최근 '더 나은 삶 지수Better Life Index' 보고서를 통해, 핀란드에서 말하는 '행복'의 범위가 축소되고 있다고 평가했다. 핀란드인들이 환경, 공동체 정신, 공공 서비스 등에는 만족하지만, 일자리나 주거 문제에 대해서 걱정이 많다는 것이다.

핀란드의 산업 구조가 제조업 중심에서 정보 기술 및 헬스케어 등 4차 산업으로 빠르게 변화하고 있지만, 개인은 그 속도를 따라가기가 버겁다. 헬싱키에서 기차로 1시간 30분쯤 떨어진 코우볼라Kouvola라는 도시는 수십 년간 제지 및 펄프 공장이 먹여 살렸던 곳이다. 핀란드 중부 지방에는 그런 소도시가 많았다. 그런데 전 세계적으로 종이 수요가 줄면서 핀란드의 제지 공장들이 문을 닫기 시작했다. 코우볼라의 제지 공장도 2010년대 들어 폐쇄됐다. 수천 명에 이르는 공장 직원이 한순간에 직장을 잃었다. 2017년 초 코우볼라 성인 직업 교육 센터에서 만난 수강생 수백 명이 모두 한 공장 출신이라고 했다. 실직자들을 위해 마련된 교육 과정은 중장비 운전, 건축, 금속, 간호, 호텔 및 식당 서비스 등이다. 60세 남성 테무 씨는 미장 기술을 배우고 있었고, 간호 조무사 시험을 준비하고 있는 56세 여성 실파 씨는 수화를 익히는 중이었다.

레나 카이볼라Leena Kaivola 센터장은 "평생 공장에서 일해 온 사람들이라 영어도 잘 못하고 스마트폰 사용법도 잘 몰라요. IT 분야에 일자리가 많다고 해도 이들이 갈 자리는 없습니다. 직장을 잃고 실의에 빠져 알코올 중독자가 된 지역민도 많습니다. 포기하지 않도록 북돋는 것이 정부의 역할이죠"라고 말했다. 핀란드의 사회 안전망은 국민들이 불행 속에서도 안정을 찾을 수 있도록 돕지만, 불행을 행복으로 바꿔 주지는 못한다.

핀란드의 날씨 때문이라고는 도저히 말하지 못하겠다. 나의 경우, '행복' 하면 떠오르는 장면이 있다. 태양이 작열하는 나라에서 웃통을 벗은 아이들이 이를 환하게 드러내며 밝게 웃는 모습이다. 미국 캘리포니아의 서퍼들이라든가, 스페인 안달루시아 지방의 히피들처럼 말이다. '햇빛'을 기준으로 한다면, 핀란드인들의 행복도는 세계 최하위여야 한다. 핀란드에선 혹독한 겨울이 최소한 5개월 정도 지속된다. 한낮에도 어두컴컴한 겨울 헬싱키에서, 무표정한 얼굴의 핀란드인들이 무채색 털옷으로 꽁꽁 싸매고 종종걸음 치는 모습을 보노라면 정말 저들이 '세계에서 가장 행복한 사람들'이 맞나 싶다.

—— "핀란드가 가장 행복하다는 말은 왜곡"

마땅한 답을 알아보다가 흥미로운 글을 발견했다. 제목이 '핀란드는 세상에서 가장 행복한 나라, 그러나 핀란드인들은 그 사실이 행복하지 않다'이다. 단박에 구미가 당겨 열어 봤더니 핀란드 알토대학교에서 '웰빙과 삶의 의미'를 연구하는 프랭크 마르텔라Frank Martela 박사가 쓴 칼럼이다. 요컨대,

"행복감을 측정하는 방법은 크게 네 가지인데, 유엔이 측정한 방법은 그중 하나일 뿐이다. 핀란드인들이 세상에서 가장 행복하다는 말은 어떤 의미에선 굉장히 왜곡됐고, 이번 결과를 그대로 받아들이면 핀란드 사회는 더 나아가기 힘들다"는 이야기였다.

그래서 유엔이 어떻게 각 나라의 행복도 지수를 측정하는지 살펴봤다. 1)우선 현재 삶의 만족도를 10점 척도로 매기도록 설문 조사한다. 여기에 2)1인당 국내 총생산, 3)사회복지 제도에 대한 접근성, 4)정부와 동료 시민에 대한 신뢰도 관용도 및 부패 수준, 5)인생을 선택할 자유, 6)기대 수명 등을 조사한다. 핀란드는 6가지 기준에서 모두 평균을 크게 웃돌고 특히 '관용' 지수가 높았다. 2위인 덴마크보다 점수가 2배 이상 높았다. 마르텔라 박사에 따르면, 이런 잣대를 활용하는 연구에서는 늘 북구의 여러 나라들이 상위 10위 안에 든다. 서로 유사한 사회 제도와 경제 수준을 누리고 있기 때문일 것이다.

하지만 행복도를 따지는 다른 방법이 있다. 긍정적인 감정을 느끼는 빈도, 인생을 얼마나 의미 있게 생각하는가 등이다. 아마도 내가 '행복' 하면 순간적으로 떠올렸던 장면과 가까운 기준이다. 긍정적인 감정이 무엇이냐, 인생을 의미 있게 생각하는 정도 등은 사람마다 다를 수 있기 때문에 신뢰할 수 없는 조사라고 할 수도 있다. 하지만 이렇게 '다른 기준'을 적용한 조사에서는 핀란드와 북유럽 국가들이 상위권을 차지하지 못한다는 점은 한번 생각해 봐야 하지 않을까? 2018년 미소smiling, 웃음laughter, 존경respect, 즐거움enjoyment 같은 '긍정적인 감정을 느끼는 빈도'를 따져 본 조사에서는 콜롬비아가 1위를 차지했다. 과테말라, 엘살바도르, 코스타리카 같은 중남미 국가들이 뒤를 따른다. 올해 유엔 행복도 조사에서는 콜롬비아가 43위였다. 비록 범죄와 부패, 빈곤율이 높지만 라틴 사람들은 자주 웃고 즐거워한다.

미국 버지니아대학교 연구 팀의 경우, 전 세계 132개국을 대상으로 '자신의 삶에 중요한 목적이나 의미가 있다'고 느끼는 시민의 비율을 조사했다. 이 연구에서는 토고, 세네갈 같은 아프리카 국가들이 최상위에 올랐다. 연구 팀은 "아마도 종교가 큰 역할을 하고 있을 것으로 추측된다"고 분석했다. 시간이 갈수록 무신론자 비율이 높아지고 있는 북유럽 국가들이나 미국은 이 조사에서도 상위권에 들지 못했다.

마지막으로 우울증 환자 비율을 통해 시민들이 얼마나 행복한지 살펴보는 조사. 핀란드 정부에 따르면, 핀란드 성인의 7.4퍼센트가 우울증 진단을 받았고, 이는 세계에서 우울증 유병률이 가장 높다는 미국과 거의 비슷한 수준이다. 매년 핀란드인 40만 명이 항우울제를 복용하고 있다. 이렇게 보면, 핀란드는 최소한 유럽에서 가장 불행한 나라처럼 보인다. 똑같은 시민들인데, 한 조사에서는 삶의 만족도가 가장 높고, 또 다른 조사에서는 우울증에 제일 많이 시달리고 있다는 역설이 성립한다. 마르텔라 연구원은 이 부분을 지적한다. 평균적인 핀란드 사람들의 삶의 만족도가 높은 것은 맞지만, 여기에 천착하다 보면 우울증 환자처럼 어려움을 겪는 시민들이 시야에서 사라지고 충분한 사회적 도움을 받지 못할 수 있다는 것이다.

대다수 핀란드 사람들이 '세상에서 가장 행복한 나라'라는 사실에 들떠 있을 때, 내부에서 이런 성찰의 목소리를 내는 마르텔라 박사 같은 이들이 있기 때문에 핀란드 사회는 기우뚱하지 않고 굴러간다. 지난 2014년에 세계지식포럼 WEF에서 핀란드 경제가 유럽에서 가장 경쟁력이 있다고 칭찬 세례를 받을 때도 그랬다. 리스토 펜틸라Risto Penttila 당시 핀란드 상공회의소장은 영국 〈파이낸셜 타임스〉에 "핀란드의 산업 생산성이 매년 떨어지고, 실업률은 치솟고 있다. 세금을 아끼고 공공 부문을 개혁해야 한다"는 글을 기고하며 경종을 울렸다. 전문가로서 해야 할 말은 한다는 태도가 느껴지는 글이었다. 핀란드 사람들의 삶의 만족도가 높고 동료 시민을 신뢰하는 것은, 아마 이런 사람들이 있기 때문일 것이다. 감정이나 분위기에 휩쓸리지 않고 끊임없이 반대 의견을 내며 토론을 통해 해결책을 찾으려는 태도를 가진 사람들 말이다.

—— '우리가 일궈낸 성취, 대단하지 않아?'

행복은 매우 복잡하고도 개인적인 개념이다. 여러 사람의 행복 점수를 평균을 낸 수치가 나의 행복도와 일치하지는 않는다. 세계 행복 보고서에 따르면, 핀란드는 과연 안정적이고 안전하며 평화로운 나라다. 부패 수준이 전 세계에서 가장 낮고, 신뢰 수준은 가장 높다. 핀란드 경찰은 믿을 만하며, 금융 시스템 또한 건전하다는 평가를 받고 있다.

나는 핀란드 사람들이 저런 조사에서 상위권을 차지했기 때문에 행복하다고 보지 않는다. 부패한 정치인이 없고, 강도를 당하지 않고, 은행 거래에서 오류가 나지 않는다고 해서 개인이 행복해지지는 않는다. 내가 행복한 순간은 언제인가를 생각해 보면 답이 나온다. 친구나 가족과 수다를 떨며 맛있는 음식을 먹을 때, 비록 악플일지라도 내가 쓴 기사에 1,000개가 넘는 댓글이 달릴 때, 또 요즘 열심히 스트레칭을

한 덕분에 허리를 굽히면 손이 바닥에 닿을 때다. 일이든 취미든 인간관계든 별 것 아닌 순간이라도 '만족스럽게 해내고 있다'는 생각이 들 때 행복감을 느낀다.

영국 출신으로 덴마크에 정착한 마이클 부스는 저서 《거의 완벽에 가까운 사람들》에서 덴마크인의 행복도에 대해 이렇게 서술한다. "덴마크인은 파란만장한 상실의 역사를 겪었기에 삶의 작은 기쁨에도 감사할 줄 안다. 아마 덴마크인의 행복은 실제로는 행복이 아니라 훨씬 더 소중하고 오래가는 무언가이다. 자기 운명에 만족하고 사소한 욕구를 채우며 높은 기대를 자제하는 만족감." 덴마크는 핀란드와 더불어 전 세계 행복도 1~2위를 다투는 북유럽 이웃 국가다.

나는 핀란드인들도 자신들이 처한 열악한 조건을 극복하고 지금껏 성취해 온 것에 만족할 줄 알기 때문에 행복감이 높다고 본다. "이렇게 춥고, 어둡고, 척박한 땅에서 이만큼 부를 일구고 시스템을 갖춰 별 문제없이 살아가고 있으니 만족스럽다"는 감정이 행복 지수에 반영되는 것이다.

핀란드의 평범한 시민인 티모 히니넨 씨는 서른한 살로 아내와 두 살짜리 아들과 헬싱키 위성 도시 반타Vantaa에 산다. 결혼 당시엔 집을 구하지 못해 어머니 집 거실에 얹혀 살다가, 거실에 침실 한 칸 딸린 작은 아파트를 얼마 전에 구해서 독립했다. 2년 전엔 다니던 회사가 망해 새 직장을 구하느라 애를 먹기도 했다. 그에게 행복하냐고 물으니 "글쎄" 하고 고개를 갸우뚱했다. 하지만 이내 "지금 상황이 만족스러워"하며 수염을 매만졌다. 추운 겨울날 퇴근한 뒤 따듯한 집에서 아내와 맥주 한잔 마시며 사우나를 하고, 볼이 빨개진 채 잠든 아이를 바라보는 게 제일 행복하다고 했다.

틈새책방의 책들

• 국기에 그려진 세계사
김유석 지음 | 김혜련 그림 | 2017 | 19,000원

방대한 역사적 사실 앞에 늘 주눅이 들 수밖에 없는 세계사. 한 국가의 정체성을 압축해 놓은 국기라는 상징을 통해 각 나라의 역사를 살펴본다. 세계사를 본격적으로 알아가기에 앞서 뼈대를 세우는 입문서로 제격이다.

• 지혜가 열리는 한국사
옥재원 지음 | 박태연 그림 | 2018 | 18,000원

국립중앙박물관, 국립고궁박물관에서 초등학생들에게 한국사를 가르친 저자의 노하우를 담았다. 저자는 어린이들의 역사 공부는 암기하는 것이 아니라, 역사를 통해 생각하는 힘을 길러주는 게 목적이라고 말한다. 어린이용과 어른용, 두 권의 책으로 구성되어 있는 이 책은 어린이와 어른이 따로 읽고, 함께 대화를 나누는 콘셉트를 갖고 있다. 한국사를 잘 모르는 어른들도 충분히 아이들과 역사를 소재로 대화할 수 있도록 만들었다.

• 당신은 지루함이 필요하다
마크 A. 호킨스 지음 | 서지민 옮김 | 박찬국 해제 | 2018 | 12,800원

눈코 뜰 새 없이 바쁜 삶을 살아가는 당신에게 '지루함'이 왜 필요한지 설파하는 실용 철학서. 지루함이 삶을 돌이켜 보고 그 전과는 다른 창조적인 삶을 살 수 있는 기회를 제공한다고 주장한다. 일중독과 게임 중독 등 갖가지 중독에 사로잡혀 지루할 틈이 없는 한국인들에게 큰 의미를 던지는 책이다.

• 만년필 탐심
박종진 지음 | 2018 | 15,000원

펜을 사랑하는 이들에게 만년필은 욕망의 대상이자 연구의 대상이다. 한자로 표현하면 '貪心'과 '探心', 우리말로는 '탐심'으로 동일하게 음독되는 양가적인 마음이 있다는 이야기다. 이 책은 어느 만년필 연구가의 '貪心'과 '探心'을 솔직하게 드러낸 글이다. 40년의 세월 동안 틈만 나면 만년필을 찾아 벼룩시장을 헤매거나, 취향에 맞는 잉크를 위해 직접 제조하는 수고를 마다하지 않으며, 골방에서 하루 종일 만년필을 써 보고 분해한 경험을 담담히 써 내려간 만년필 여행기다.

• 본질의 발견
최장순 지음 | 2017 | 13,000원

업(業)의 방향성을 고민하는 이들을 위한 안내서. 삼성전자, 현대자동차, 이마트, 인천공항, GUCCI 등 국내외 유수 기업의 브랜드 전략, 네이밍, 디자인, 스토리, 인테리어, 마케팅 업무를 진행해 온 '브랜드 철학자' 최장순이 차별화된 컨셉션 방법론을 제시한다.

• 밥벌이의 미래
이진오 지음 | 2018 | 15,000원

'4차 산업혁명'으로 우리 삶과 일자리가 어떻게 변화할지를 예측한 미래서. 망상에 가까운 낙관주의도, 쓸데없는 '기술 포비아'도 이 책에는 없다. 딱 반걸음만 앞서 나가 치밀하게 미래를 그린다.

• 토마토 밭에서 꿈을 짓다
원승현 지음 | 2019 | 14,000원

이 시대의 농부는 투명인간이다. 멀쩡히 존재하지만 모두가 보이지 않는 것처럼 대한다. 우리 시대가 농업을 대하는 태도를 방증하는 일면이다. 《토마토 밭에서 꿈을 짓다》는 이에 반기를 든다. 새로운 산업의 상징인 디자이너에서 1차 산업의 파수꾼으로 변모한 저자는 자신의 토마

토 농장의 사례를 통해 우리 농업의 놀라운 가능성과 존재감을 보여 준다.

• 연예 직업의 발견
장서윤 지음 | 2017 | 16,000원

스타가 아닌 스타를 만드는 직업을 소개한 책. 성장일로에 있는 한국의 엔터테인먼트 산업에 몸을 담고 싶어 하는 이들을 위한 착실한 안내서다. PD와 작가 등 전통적인 직업군부터 작가 및 연출자 에이전시, 엔터테인먼트 콘텐츠 기획자 등 새로운 직업군까지 망라했다.

• 널 보러 왔어
알베르토 몬디·이세아 지음 | 2019 | 15,000원

방송인 알베르토 몬디의 인생 여행 에세이. 이탈리아 베네치아를 떠나 중국 다롄에서 1년을 공부한 다음, 인생의 짝을 만나 한국에 정착하기까지의 이야기를 담았다. 백전백패 취업 준비생, 계약직 사원, 주류 및 자동차 영업 사원을 거쳐 방송인이 되기까지의 여정이 그려져 있다. 자신의 정체성을 잃지 않으려 노력하며, 남들이 뒤로 물러설 때 끊임없이 도전적인 선택을 하는 모습이 인상적이다. 책의 인세는 사회복지법인 '안나의집'에 전액 기부된다.

• 이럴 때, 연극
최여정 지음 | 2019 | 19,800원

연극 앞에 한없이 작아지는 당신을 위한 단 한 권의 책. 수천 년을 이어 온 연극의 매력을 알아가는 여정의 길잡이이다. 12가지의 상황과 감정 상태에 따라 볼 만한 연극을 소개한다. '2019 우수출판콘텐츠 제작지원사업 선정작'이다.

'지구 여행자를 위한 안내서' 시리즈

• 이탈리아의 사생활
알베르토 몬디·이윤주 지음 | 2017 | 16,000원

한국인이 가장 사랑하는 이탈리아인 중 한 명인 방송인 알베르토 몬디가 전하는 이탈리아 안내서. 커피, 음식, 연애, 종교, 휴가, 밤 문화, 교육, 축구와 F1, 문화유산 그리고 커뮤니티 등 열 가지 키워드로 이탈리아의 문화와 사회를 소개한다.

• 상상 속의 덴마크
에밀 라우센·이세아 지음 | 2018 | 16,000원

행복 지수 1위, 1,000만 원짜리 소파와 함께하는 휘게, 그리고 정시 퇴근에서 비롯된 여유로운 삶. 한국인들에게 덴마크는 기껏해야 우유와 레고의 나라이거나, 완벽한 시스템을 구비한 행복의 나라이다. 여행 또는 거주의 경험이 있는 사람들에게는 음울한 날씨와 따분하면서도 차가운 사람들이 모인 나라. 어느 게 진짜 모습일까. 에밀 라우센이 가감 없이 전한다.

• 지극히 사적인 프랑스
오헬리엉 루베르·윤여진 지음 | 2019 | 16,000원

감히 말할 수 있다. 당신의 머릿속에 박제된 프랑스는 이제 버리시라. 부모가 가난해도 괜찮은 교육을 받을 수 있고, 어디에 가든 생산적인 정치적 논쟁이 있으며, 이민자를 열린 마음으로 받아들이는 나라는 없다. 여전히 당신이 프랑스를 이렇게 떠올린다면, 그건 수십 년 전 이야기다. 현재 한국방송통신대학교 교수이자 JTBC '비정상회담' 멤버였던 오헬리엉 루베르는 우리가 알고 있던 프랑스와 실제의 프랑스를 비교할 수 있도록 쉽고도 자세하게 설명한다

• 세상에서 제일 우울한 동네
핀란드가 천국을 만드는 법
정경화 지음 | 2020 | 14,800원

핀란드는 한때 우리나라에서 매우 '핫한' 국가
였다. 무상 교육을 실시하면서 창의적인 학생
을 길러내고 국제학업성취도평가에서 1위까지
차지했다. 인간적 삶을 영위하도록 돕는 복지
제도는 또 어떤가. 전 세계를 주름잡던 대기업
노키아도 있었다. 하지만 국내의 핀란드 열풍
은 겉핥기에 가까웠다. '독립적인 시민'을 키우
자는 그들의 교육 철학, 돈으로 환산할 수 없는
'사회적 신뢰'를 이해하지 못했기 때문이다. 사
실 이 두 가지 키워드를 보지 못하면, 핀란드는
그저 입맛을 다시며 부러워할 수밖에 없는 북
유럽 국가 중 하나일 뿐이다.